W0409290

ESSEN MIT FREUNDEN

Collection Rolf Heyne

ESSEN MIT FREUNDEN

100 REZEPTE FÜR DRAUSSEN UND DRINNEN

PETE EVANS

Collection Rolf Heyne

Draußen

Frühstück

Mittag- und Abendessen

Nachspeisen

Drinks

Drinnen

Frühstück

Mittag- und Abendessen

Nachspeisen

Drinks

Ich koche leidenschaftlich gerne, fast genauso gerne wie ich auch esse. Und genau dies ist die Grundlage dieses Buchs (und, um genau zu sein, eigentlich meines Lebens). Ich kenne kein anderes Handwerk, das den Menschen so viel Freude bereitet wie das Kochen. Die meisten von uns nehmen täglich mindestens drei Mahlzeiten zu sich – das sind im Jahr etwa 1000 Mahlzeiten, was sich wiederum, hochgerechnet auf ein ganzes Leben, auf etwa 75 000 Mahlzeiten addiert. Daraus ergeben sich natürlich unzählige Variationsmöglichkeiten.

Beim Thema Essen können wir unserer Neugier und unserer Abenteuerlust einmal wirklich freien Lauf lassen. Im Laufe Ihres Lebens werden Sie möglicherweise fünf bis zehn Autos besitzen, einige hundert Kleidungsstücke und Paare Schuhe, ein paar Wohnungen und vermutlich werden Sie einige Länder bereisen (natürlich verallgemeinere ich hier, tragen Sie es mir also bitte nicht nach, sollten Sie ein begeisterter Weltenbummler oder ein leidenschaftlicher Fashionista sein). Beim Essen aber sind

die Kombinationsmöglichkeiten aus den verschiedenen Zutaten und die Zahl der Gerichte, die man ausprobieren kann, schier endlos. Und genau das hat mich dazu gebracht, mit »Essen mit Freunden« einen kleinen Beitrag zur Welt der Kochbücher zu leisten. Dieses Buch entstand aus der Idee heraus, einen Einblick zu geben, was Köche (zumindest ich) zu Hause kochen und essen. In der Regel definiert sich ein Restaurant durch die Küche des Chefkochs – italienisch, exquisit, modern oder was auch immer – und durch das Preisniveau (ein Gastronom muss ja irgendwie auch davon leben können). Ein Restaurantbesuch vermittelt also eher einen Einblick in das, was ein Küchenchef sich aufgebaut hat, als einen Querschnitt dessen, was er gerne für sich selbst und seine Familie zu Hause kocht. Dieses Buch ist von der Welt der Restaurants so weit entfernt, wie es eben ging (auch wenn einige Rezepte für den »anspruchsvollen« Koch enthalten sind, die ich manchmal auf besonderen Wunsch zu Hause koche).

Es geht also um Gerichte, die ich gerne zu Hause für Freunde, für die Familie und für mich selbst zubereite. (Einige Rezepte wurden mir allerdings netterweise von Freunden überlassen.) Die meisten Gerichte sind so gedacht, dass sich jeder selbst bedienen kann. So esse ich zu Hause nämlich am liebsten. Das Buch teilt sich auf in zwei Bereiche – »Draußen« und »Drinnen«. Einige Gerichte sind einfach wie dafür geschaffen, bei schönem Wetter draußen zubereitet und genossen zu werden, während andere dazu einladen, sich an kalten Tagen gemütlich drinnen um einen Tisch zu versammeln. Aber sehen Sie das keinesfalls als starre Regel – im Gegenteil, nichts in diesem Buch sollten Sie als unabänderlich ansehen. Es wäre schön, wenn mein Buch vor allem als Leitfaden zu stressfreien Mahlzeiten im Kreis von lieben Leuten gesehen würde. Wandeln Sie also die Rezepte ab, wo und wann immer Sie mögen. Auch einige meiner Lieblingsdrinks habe ich aufgeführt, für die ich meinem guten Freund Mark Ward danken möchte. Er weiß, was ich gerne trinke und brachte mir einige einfache, leckere Mischungen bei, die auf jedem Fest Wunder bewirken. Ich hoffe, dieses Buch bringt Ihnen sowohl beim Lesen als auch beim Kochen Freude. Wenn Sie nur ein paar Rezepte daraus in Ihr persönliches Repertoire einbauen, dann werde ich mich geehrt fühlen. Und dann weiß ich, dass sich das Buch gelohnt hat.

Cheers, Pete

Draußen

Birchermüsli

Für 4 Personen

200 g Haferflocken
250 ml Milch
250 ml Apfelsaft
Saft von 1 Zitrone
2 Äpfel, grob gerieben
1 Banane, in kleine Stücke geschnitten
125 g gemischte Beeren (Brombeeren, Blaubeeren, Erdbeeren, Himbeeren)
3 EL gehackte Walnusskerne
4 getrocknete Aprikosen oder getrocknete Feigen
125 g Joghurt
3 EL Honig
8 Minzeblätter

Die Haferflocken in einer großen Schüssel mit der Milch, dem Apfelsaft und dem Zitronensaft vermengen. Mit Frischhaltefolie abdecken und über Nacht im Kühlschrank quellen lassen.

Die geriebenen Äpfel unter die Haferflocken rühren und die Mischung auf vier Müslischalen aufteilen. Die Banane, die Beeren, die Walnusskerne und die getrockneten Aprikosen (oder Feigen) hinzufügen. Den Joghurt darübergeben, mit Honig beträufeln und die Minzeblätter darüber verteilen.

Ich weiß ja nicht, wie das bei Ihnen ist – ich beginne den Tag gerne mit etwas Nahrhaftem im Bauch. Für mich ist Frühstück die richtige Zeit, um meinem Körper etwas Gutes zu tun, und es gibt wenig, was dazu besser geeignet wäre als Birchermüsli. Das gibt es bei uns gleich ein paar Mal in der Woche und die Kinder freuen sich jedes Mal. Benannt ist es nach dem schweizerischen Arzt Maximilian Bircher-Benner, der diesen gesunden Start in den Tag Anfang des 20. Jahrhunderts entwickelte. Sein Rezept hat sich über die Jahre bewährt, und was ich besonders daran schätze, ist, dass man die Zutaten ganz dem eigenen Geschmack und der Jahreszeit anpassen kann.

Arme Ritter mit Ahornsirup und Beeren

Für 4 Personen

Ich mache diese Armen Ritter mindestens einmal in der Woche für die Kinder. Chilli, meine älteste Tochter (2½, als das Buch entstand), schlägt dann ganz alleine die Eier auf und verquirlt sie. Dann geht es ab zum Grill (oder wir schmeißen sie in die Pfanne) und in weniger als 5 Minuten genießen wir zusammen eines der leckersten Frühstücksgerichte aller Zeiten. Schon seit 15 Jahren bieten wir dieses Gericht im *The Pantry* in Brighton (Victoria) an – die meisten Gäste essen es am liebsten als herzhaftes Frühstück mit knusprigem Speck.

4–6 Eier
6 EL Ahornsirup
1 Prise Salz
8 Scheiben Weißbrot
8 EL Ricotta
125 g gemischte Beeren (Brombeeren, Blaubeeren, Erdbeeren, Himbeeren)
Puderzucker zum Bestäuben
8 Minzeblätter

Die Eier mit 2 EL Ahornsirup und einer Prise Salz verquirlen. Jede Brotscheibe etwa 30 Sekunden in der Eiermischung etwas einweichen lassen. Eine Bratpfanne oder eine Grillplatte einfetten und erhitzen.

Überschüssiges Ei abtropfen lassen und das Brot auf die gefettete Grillplatte oder in eine Bratpfanne geben. Auf der einen Seite goldbraun braten, dann wenden und auf der anderen Seite ebenfalls goldbraun braten.

Die Armen Ritter halbieren und mit dem zusätzlichen Ahornsirup beträufeln. Einen Esslöffel Ricotta dazugeben und die Beeren darüber verteilen. Mit Puderzucker bestäuben und mit der Minze garnieren.

Das beste Speck-Ei-Brötchen aller Zeiten

Für 4 Personen

Wohl kaum jemand kann nach einer langen Nacht einem Brötchen mit Ei und Speck widerstehen. Dieses Rezept hebt das schlichte Frühstücksbrötchen auf ein ganz neues Level, denn kombiniert mit einigen Zutaten wird daraus das allerbeste Speck-Ei-Brötchen der Welt ... zumindest meiner Welt!

4 Scheiben Frühstücksspeck (Bacon)
2 Strauchtomaten, in 4 Scheiben geschnitten
4 Eier
4 Brötchen, mit Butter bestrichen
4 EL Tomatenrelish oder -chutney
2 EL Tomatensauce (Ketchup)
4 EL Ricotta oder anderer Frischkäse
1 Handvoll Rucolablätter
Meersalz, frisch gemahlener schwarzer Pfeffer

Die Grillplatte vorheizen, falls sie verwendet werden soll. Den Speck auf dem Grill oder in einer Pfanne auslassen. Im Fett des Specks die Tomatenscheiben leicht anbraten sowie die Eier nach Geschmack braten.

In der Zwischenzeit die Brötchen leicht anrösten und das Tomatenrelish mit dem Ketchup verrühren. Die untere Hälfte des Brötchens jeweils mit Ricotta, den »Deckel« mit der zuvor angerührten Tomatenmischung bestreichen. Die Brötchen mit den Rucolablättern, den Tomatenscheiben, dem Speck und dem Ei belegen. Mit Salz und Pfeffer würzen, dann den Deckel auflegen, einmal durchschneiden – und genussvoll verschlingen.

Räucherlachs und Avocado auf Toast

Für 4 Personen

Dieses Gericht gibt es bei uns mindestens einmal in der Woche zum Frühstück. Das Ganze ist wirklich kein »Geheimnis« – Sie nehmen einfach eine reife Avocado, Tomaten, die auch wirklich nach Tomaten schmecken und richtig gut duften sowie hochwertigen geräucherten Lachs oder geräucherte Lachsforelle. Wichtig ist, die Zutaten ausgewogen zu verwenden und nicht eine davon zu dominant werden zu lassen. Ich gebe zum Abschluss gerne reichlich schwarzen Pfeffer darüber, etwas Meersalz, Basilikum- oder Korianderblätter und einen Schuss bestes Olivenöl. Chiliflocken verleihen dem Ganzen etwas Schärfe ... Wenn Sie experimentierfreudig sind, streichen Sie zuerst etwas Taramas auf das Brot.

4 Scheiben Soja-Leinsamenbrot
½ reife Avocado, mit der Gabel zerdrückt
4 EL Taramosalata (nach Belieben)
½ Zitrone
6–8 Scheiben Lachs oder Lachsforelle, geräuchert (genug, um alle Toastscheiben zu bedecken)
8 dünne Scheiben Strauchtomate
frisch gemahlener schwarzer Pfeffer
8 Basilikumblätter
2 EL natives Olivenöl extra
Meersalz
1 Prise Chiliflocken

Das Brot leicht anrösten und mit der zerdrückten Avocado bestreichen. Falls Taramosalata verwendet wird, auch dieses auf das Brot streichen.

Etwas Zitronensaft darüberpressen und mit dem Räucherlachs oder der Forelle belegen. Die Tomatenscheiben und reichlich frisch gemahlenen schwarzen Pfeffer darübergeben. Mit den Basilikumblättern, bestem Olivenöl, Meersalz und Chiliflocken anrichten, halbieren und servieren.

Rindscarpaccio

Für 4 Personen

Sollten Sie zufällig auch mein erstes Buch »Fish« in der Hand gehalten haben, wird Ihnen vielleicht aufgefallen sein, dass ich einen Hang zu ungekochten Lebensmitteln habe ... das ist eigentlich fast schon eine Besessenheit. Eine Leidenschaft, die ihren Anfang nahm, als ich mit 17 von Queensland nach Melbourne zog, um dort meine Ausbildung als Koch zu machen. Mein erster Job war bei Marios in Fitzroy, einer wahren Institution in Melbourne. Marios, ein italienisches Lokal, war bekannt dafür, eine bunte Mischung an Menschen zu seinen Gästen zu zählen, von Politikern bis hin zu Musikern und Künstlern. Ihre Philosophie rund ums Essen ist schnell erklärt – simple Gerichte, dafür aber mit besten Produkten. Eines meiner ersten Gerichte dort war Rindscarpaccio mit Zitrone und Parmesan, und dabei war es um mich geschehen. Rohes Rindfleisch hatte ich nie zuvor gegessen und so konnte ich mir zuerst gar nicht vorstellen, wie lecker das sein kann. Dieses Rezept basiert auf dem Original, kreiert von Giuseppe Cipriani in den 1950er-Jahren in Harry's Bar in Venedig.

240 g Rinderlende oder -filet (weniger aromatisch, dafür aber magerer)
1 EL natives Olivenöl extra
125 g Mayonnaise oder Aioli (Seite 40)
1 TL Zitronensaft
2 TL Worcestersauce
1 EL Kalbsfond oder Milch
Meersalz
frisch gemahlener schwarzer Pfeffer
1 Handvoll Rucolablätter
Parmesankäse, frisch gehobelt
2 Zitronen, halbiert

Das Fleisch vom Fett befreien und mit einem sehr scharfen Messer in feinste Scheiben schneiden. Die Scheiben in einen Gefrierbeutel geben und mit einer Teigrolle hauchdünn flach rollen. Die dünn ausgerollten Scheiben auf einer Platte anrichten und mit dem nativen Olivenöl bester Qualität beträufeln.

Die Mayonnaise mit Zitronensaft, Worcestersauce und Kalbsfond oder Milch vermischen. Mit Meersalz und gestoßenem schwarzem Pfeffer würzen.

Das Dressing über das Fleisch träufeln und nochmals mit Meersalz und gestoßenem schwarzen Pfeffer würzen. Die Rucolablätter darüber verteilen, dann den gehobelten Parmesan, und schließlich alles mit den Zitronenhälften servieren. Ciabatta passt dazu gut.

Riesengarnelen mit Thai-Dressing

Für 4 Personen

Draußen essen darf nicht kompliziert sein, und kaum ein Rezept ist dafür wohl besser geeignet als dieses. Was allerdings keineswegs heißt, dass es im Ergebnis nicht trotzdem einfach großartig aussieht und so gut schmeckt, als sei es nicht von dieser Welt. Die Garnele ist hier der unumstrittene Star, fragen Sie also Ihren Fischhändler nach den besten Garnelen, die er hat ... oder besser noch, bestellen Sie sie ein oder zwei Tage vorher telefonisch vor. Grundlage für tolle Mahlzeiten sind oft auch die persönlichen Beziehungen zu guten Lebensmittelhändlern – sie werden Ihre Begeisterung zu schätzen wissen und sich bemühen, etwas wirklich Gutes zu liefern, was wiederum beim Kunden für großes Vertrauen sorgt. Die hier vorgestellten Garnelen sind angerichtet mit einem einfachen Dressing, das seine Wurzeln in Thailand hat. Sehr gut passt aber auch einfach Zitronensaft oder eine gute Aioli, vielleicht gewürzt mit etwas Harissa, Safran oder Chili-Chutney. Peppen Sie den Salat dazu auf mit Kirschtomaten, Gurken, Paprika, Bohnensprossen und Nudeln, und schon haben Sie ein schnelles und gesundes Abendessen.

2 Thai-Chilischoten, in sehr feine Ringe oder Streifen geschnitten
1 große rote Schalotte, in feine Ringe geschnitten
2 Knoblauchzehen, fein gehackt
½ TL geschälter und fein gehackter Ingwer
1 TL gehackte Korianderwurzel
1 TL fein gehacktes Zitronengras, nur das Weiße
100 ml Limettensaft
75 g Palmzucker, gerieben
2½ EL Fischsauce
600 g Riesengarnelen, gegart und geschält (das entspricht etwa 1,2 kg ungeschält)
2 EL gehacktes Koriandergrün
2 EL gehackte Minze
1 EL gehackter (vietnamesischer) Koriander
2 EL geröstete Erdnüsse, gehackt

In einem Mörser die Chilischoten (einige Ringe oder Streifen zur Dekoration auf dei Seite legen) mit den Schalotten, dem Knoblauch, dem Ingwer, der Korianderwurzel und dem Zitronengras zerreiben. Den Limettensaft zugießen und mit dem Palmzucker und der Fischsauce vermischen. Das ergibt ein Dressing mit einer schönen Ausgewogenheit zwischen scharf, sauer, salzig und süß.

Die Garnelen, das Dressing, die gehackten Kräuter und die Erdnüsse in einer Schüssel vermengen. Alles auf einer großen Platte anrichten. Mit den auf die Seite gelegten Ringen oder Streifen der Chilischote dekorieren.

Ich weiß noch, wie ich als Teenager die Schulferien immer bei meinem Bruder Dave an der Gold Coast verbrachte. Es war herrlich. Ich verbrachte den ganzen Tag mit Surfen, und mittags machte Dave für uns Sandwiches mit gebratenem Hähnchen und Avocado. Die waren umwerfend lecker und ich fühlte mich danach einfach großartig. Viele Jahre später eröffneten Dave, sein bester Freund und ich *The Pantry* in Brighton, einem Stadtteil an der Bayside von Melbourne. Als wir die Speisekarte zusammenstellten, meinte mein Bruder, sein Geflügelsandwich gehöre unbedingt auch dazu ... Fünfzehn Jahre später ist es immer noch das beliebteste Gericht auf unserer Speisekarte.

Hühnerfleischsalat (Laab Gai)

Für 4 Personen

Zu Hause ist für dieses Gericht meine Frau Astrid zuständig. Sie hat es vor über zehn Jahren, als sie noch in Queensland, weit oben im Norden lebte, von einer Thailänderin gelernt. Dieses klassisch thailändische Rezept ist ein echter Hit, um eine Mahlzeit leicht und dennoch ganz besonders geschmacksintensiv zu beginnen. Schön daran ist vor allem, abgesehen davon, dass es echt einfach geht und toll schmeckt (und dass ich es nicht zubereiten muss), seine besondere Textur. Der Reis wird zuerst einfach angebraten, bis er goldbraun ist, im Mörser zerkleinert und dann gründlich mit einem der leckersten Salate verrührt, den man sich überhaupt vorstellen kann. Und genau das ist es, was diesem Salat seine wohl einzigartige Konsistenz verleiht. Ich mag ihn gerne eingewickelt in frische, kurz blanchierte Kohlblätter – eine Thai-Version des chinesischen San Choy Bau.

2 EL Jasminreis
500 g Hähnchenbrustfilet, klein gehackt
2 EL Speisestärke
2 EL Pflanzenöl
4 EL Limettensaft
2 EL Fischsauce
1 kleine rote Chilischote, entkernt und fein gehackt
4 rote Schalotten, gewürfelt
½ Bund Frühlingszwiebeln, nur das Grüne, fein geschnitten
1 große Handvoll Minzeblätter, gezupft
1 große Handvoll Korianderblätter, gezupft
1 kleine Handvoll Thai-Basilikumblätter, gezupft
Meersalz
frisch gemahlener schwarzer Pfeffer
frische Kohl- oder Kopfsalatblätter, Gurke und grüne Bohnen zum Anrichten

Den Reis bei mittlerer bis hoher Hitze in einen Wok oder eine Pfanne geben und unter ständigem Schwenken 2–3 Minuten goldbraun anrösten. Aus dem Wok oder der Pfanne nehmen und zum Abkühlen beiseitestellen.

Den Reis in einer Gewürzmühle oder einem Mörser grob zermahlen, er sollte nicht zu fein sein.

Das Hähnchenfleisch überall leicht mit der Speisestärke bestäuben. Den Wok oder die Pfanne mit Küchenpapier auswischen und auf mittlerer bis hoher Stufe wieder erhitzen. Öl hineingeben und das Hähnchenfleisch unter häufigem Rühren 2–3 Minuten schön krümelig anbraten.

Limettensaft, Fischsauce, Chilischote, Schalotten und Frühlingszwiebeln unterrühren und dann 1 Minute abkühlen lassen.

Minze, Koriandergrün, Thai-Basilikum und den grob gemahlenen Reis gründlich mit dem Fleisch vermengen. Abschmecken und mit frischen (kurz blanchierten) Kohl- oder Kopfsalatblättern, in Scheiben geschnittenen Gurken und gegarten grünen Bohnen anrichten.

Das berühmte Geflügel-Avocado-Sandwich aus »The Pantry«

Für 4 Personen

4 Hähnchenbrustfilets
170 g Mayonnaise
1 EL körniger Senf
Salz
frisch gemahlener schwarzer Pfeffer
4 Scheiben Mehrkornbrot, mit Butter bestrichen
2 Avocados, halbiert und in Fächer geschnitten
4 Speckstreifen, angebraten
1 kleiner Eisbergsalat, geputzt und geschnitten
Honig-Senf-Dressing (siehe rechte Seite)

Eine Pfanne auf mittlerer bis hoher Stufe erhitzen. Etwas Öl in die Pfanne geben und das Fleisch darin von jeder Seite in etwa 4 Minuten goldbraun braten. Etwas abkühlen lassen und in Stücke schneiden.

Das Hähnchenfleisch mit der Mayonnaise, dem Senf und etwas Salz und Pfeffer verrühren. Die Mischung auf das Brot streichen und mit der Avocado sowie dem Speck belegen.

Den Eisbergsalat mit dem Dressing als Beilage servieren.

Honig-Senf-Dressing

1 TL Honig
1 TL Weißweinessig
½ TL körniger Senf
fein gehackter Knoblauch, nach Geschmack
½ Thymianzweig, Blätter gehackt
100 ml Olivenöl
Salz
frisch gemahlener schwarzer Pfeffer

Den Honig mit Essig, Senf, Knoblauch und Thymian in einer Schüssel vermischen. Unter ständigem Rühren nun das Olivenöl langsam einträufeln lassen. Mit Salz und Pfeffer abschmecken.

Das Tolle am Reisen sind die vielen kulinarischen Erfahrungen. Ich glaube, das ist für viele Leute der eigentliche Grund, weite Reisen zu unternehmen. Unterwegs isst man mindestens zwei- oder dreimal am Tag, und es gibt wohl keine bessere Art, zum Herzen eines Ortes vorzudringen, als durch seine Küche. Vor Kurzem war ich in Vietnam in Urlaub und es hat unglaublich Spaß gemacht, überall im Land die verschiedensten kulinarischen Entdeckungen zu machen. Am leckersten fand ich dabei die Gerichte an den Straßenständen, eines davon habe ich dann auch gleich mehrmals gegessen, einen unglaublich erfrischenden und geschmacksintensiven Bananenblütensalat. Anstelle der Garnelen kann man genauso gut gegartes Hähnchenfleisch nehmen – und sollten Sie keine Bananenblüten finden ... es schmeckt auch ohne.

Vietnamesischer Bananenblütensalat

Für 4 Personen

1 große oder 2 kleine Bananenblüten (in Asienläden oft in Dosen erhältlich)
etwas Zitronen- oder Limettensaft und 4 EL Limettensaft zusätzlich
2–3 scharfe rote Chilischoten, fein gewürfelt
1 TL fein geriebener Ingwer
2 Knoblauchzehen, fein gehackt
2 EL Zucker
2 EL Fischsauce
100 g Bohnensprossen, abgespült
200 g Garnelen, gegart und geschält
1 grüne Papaya, geschält und in Juliennestreifen geschnitten
1 kleine Gurke, entkernt und in Juliennestreifen geschnitten
1 rote Peperoni, entkernt und in Juliennestreifen geschnitten
1 kleine Handvoll Korianderblätter
3 rote Schalotten, in feine Scheiben geschnitten
1 kleine Handvoll Thai-Basilikumblätter
1 kleine Handvoll (vietnamesische) Minze
1 kleine Handvoll Minzeblätter
1 Handvoll ungesalzene Erdnüsse, geröstet und gehackt

KNUSPERZWIEBELN
500 ml Pflanzenöl
4 Schalotten, fein geschnitten

Drei oder vier der äußeren Hüllblätter der Bananenblüte entfernen, bis man an den weißlichen Teil gelangt (nicht das violette Herz). Stellen Sie eine Schüssel mit etwas Zitronen- oder Limettensaft bereit. Den Blütenansatz und die Spitze abschneiden und die Blüte quer in dünne Streifen schneiden. Dabei die kleinen Bananenansätze am Blattansatz entfernen. Die Bananenblütenstreifen sofort in das bereitgestellte Wasser legen und 10 Minuten darin ziehen lassen, so wird verhindert, dass sie sich verfärben.

Mit einem Mörser oder in einer Küchenmaschine Chilischoten, Ingwer, Knoblauch und Zucker zu einer Paste verarbeiten. Den Limettensaft, die Fischsauce und 2 EL Wasser zugeben.

Die Bananenblütenstreifen abtropfen lassen und mit den Bohnensprossen, den Garnelen, der Papaya, der Gurke, der Peperoni, dem Koriander, den roten Schalotten, dem Thai-Basilikum und den Minzeblättern in eine große Schüssel geben und das Dressing darübergeben.

Für die Knusperzwiebeln das Öl in einem kleinen Topf erhitzen und die Schalotten darin kurz frittieren. Mit einem Schaumlöffel herausnehmen und auf Küchenpapier abtropfen lassen.

Den Salat auf einer großen Platte anrichten und mit den Knusperzwiebeln und den gerösteten Erdnüssen bestreuen.

Salat aus Räucherforelle auf Blättern der Betelnusspalme

Für 24 Portionen

Manchmal macht es mir Spaß ein wenig extravagant zu sein ... damit meine ich, dass ich hin und wieder gerne protze, aber nicht vor jemand speziellem, nur vor meinen Geschmacksknospen. Wir haben in den Snowy Mountains eine kleine Hütte. Dort gehen wir gerne Forellen angeln, die wir dann an der Hütte zubereiten. Mein Schwager Udo ist ein Meister im Räuchern von Fischen (siehe nächste Seite), und ich probiere damit immer wieder gerne Neues aus. Dafür nehme ich oft ein paar Zutaten aus der Thai-Küche mit zur Hütte. Ich finde es klasse, den köstlichen Fisch mit richtig scharfen, süßen und würzigen Zutaten zu kombinieren. Dieses Rezept erfüllt das alles und passt unglaublich gut zur Forelle. Sie können auch geräucherten Aal nehmen, gegartes Krabbenfleisch oder tiefgefrorene Shrimps.

24 Blätter der Betelnusspalme (alternativ: La-Lot-Blätter oder Weinblätter)
125 g Chili-Chutney (Seite 164)
2 geräucherte Regenbogenforellen (à etwa 400 g), fertig gekauft oder mit Tee geräuchert (Seite 32–33)
2 rote Schalotten, in feine Ringe geschnitten
2 rote Peperoni, entkernt und in Juliennestreifen geschnitten
1 große Handvoll Minzeblätter, gezupft
3 Kaffernlimetten-Blätter, in Juliennestreifen geschnitten
1 große Handvoll Korianderblätter
1 Portion Nam-Jim-Dressing, siehe rechts
4 EL Knusperzwiebeln (Seite 29)
50 g Forellen- oder Lachsrogen

Die Betelnussblätter waschen und trocknen. Auf jedes Blatt in die Mitte etwas Chili-Chutney geben.

Das Forellenfleisch zerkleinern und mit Schalotten, Peperoni, Minze, Limettenblättern und Koriander vermischen. Mit dem Nam-Jim-Dressing anrichten.

Einen Klecks Fischsalat auf jedes Betelnussblatt löffeln, Knusperzwiebeln darüberstreuen und darauf etwas Fischrogen geben.

NAM-JIM-DRESSING

4 rote Schalotten
2 Thai-Chilischoten
2 Knoblauchzehen
1 TL gehackte Korianderwurzel
100 ml Limettensaft
75 g Palmzucker, gerieben
50 ml Fischsauce

Für das Nam-Jim-Dressing die Schalotten, die Chilischoten, den Knoblauch und die Korianderwurzel im Mörser zerstoßen und dann den Limettensaft zugeben. Mit dem Palmzucker und der Fischsauce würzen, so erhält das Dressing eine gute Balance aus scharf, sauer, salzig und süß. Dann alles leicht miteinander verrühren (Reste können in einem Schraubglas im Kühlschrank aufbewahrt werden).

Räucherforelle auf dreierlei Art

Für 4 Personen

Mein Tipp: Besorgen Sie sich einen Tischräucherofen. Diese sind jeden Euro wert!

Jeder, für den Udo und ich bisher einen Fisch geräuchert haben, kann kaum fassen, wie lecker das schmeckt im Vergleich zu allem, was man in den Geschäften oder beim Fischhändler bekommt. Räuchern sollten Sie draußen – wie man sich denken kann, entsteht dabei viel Rauch. Ich gebe Ihnen hier drei Rezepte mit auf den Weg: Das erste erläutert das klassische Einlegen in Salzlake, sehr einfach und benutzerfreundlich, großartig geeignet für Nudelgerichte oder Risotto; die zweite ist eine asiatische Variante des Räucherns von Fisch, Austern oder Geflügel (räuchern Sie einmal Hähnchen, Ente oder Wachtel und frieren Sie diese dann ein, so haben Sie immer etwas ganz Besonderes zur Hand). Im dritten Rezept kommt Udos berüchtigte Mischung aus Bier, braunem Zucker und Salz zum Einsatz. Wie lecker das ist, kann man sich kaum vorstellen, wenn man es nicht selbst probiert hat (einfach pur genießen).

Klassische Räucherforelle

etwa 500 g Salz
200 g Rohzucker
3 EL Zitronensaft
12 Pfefferkörner
1 Knoblauchzehe, zerdrückt
2 TL Knoblauchpulver
2 TL Zwiebelpulver
4 Regenbogenforellen, ganz

Aus 2 Litern Wasser und dem Salz eine Lake bereiten. Sie muss so viel Salz enthalten, dass eine Kartoffel an der Oberfläche schwimmt. Alle übrigen Zutaten dazugeben und mit einem Teller abdecken, damit der Fisch komplett in der Lake bleibt. Einige Stunden in den Kühlschrank stellen.

Dann den Fisch aus der Lake nehmen und trocknen lassen. Auf Räuchergittern über dem Räucherholz Ihrer Wahl platzieren und 10–15 Minuten garen, bis der Fisch gerade eben durch und noch saftig ist.

Teegeräucherte Forelle

30 g Oolong-Teeblätter
30 g Jasmin-Teeblätter
Zesten von 3 Bio-Orangen
4 Stücke getrocknete Orangenschale
180 g Jasminreis
200 g Rohzucker
5 Sternanis
1 EL Szechuanpfeffer, ganz
6 Stangen China-Zimt (Kassia)
4 Regenbogenforellen, ganz

Alle Zutaten (bis auf die Forellen) mischen. Den Boden eines Woks mit Alufolie auslegen. Die Mischung auf die Folie geben und darüber ein Gitter legen. Auf mittlerer Stufe erhitzen. Wenn die Mischung beginnt zu rauchen, die Hitze reduzieren und zwei Forellen auf das Gitter legen. Den Wok mit einem Deckel oder mit Alufolie verschließen und etwa 10 Minuten garen. (Unbedingt die Abzugshaube laufen lassen und die Fenster offen halten).

Den Deckel abnehmen und den Fisch herausnehmen. Kurz abkühlen lassen. Dann die Haut abziehen und das Fleisch ablösen. Mit den beiden anderen Forellen ebenso verfahren.

Udos Räucherforelle spezial

etwa 500 g Salz
500 g Rohrzucker
4 Regenbogenforellen, ganz
375 ml Bier

Salz und Rohrzucker vermischen und den Fisch damit gut einreiben. Etwa eine Stunde im Kühlschrank ziehen lassen.

Die Salz-Zucker-Mischung vom Fisch abklopfen und mit dem Bier abwaschen, dann den Fisch trocknen.

Auf Räuchergittern über dem Räucherholz Ihrer Wahl platzieren und 10–15 Minuten garen, bis der Fisch gerade eben durch und noch saftig ist.

Den Fisch herausnehmen und auf eine längliche Platte legen. Nun vorsichtig die Haut abziehen. Der Fisch hält sich im Kühlschrank bis zu vier Tage ... aber warum sollte man so lange warten?

Ist panierter Fisch nicht etwas ungemein Leckeres? Dies ist wohl eine der besten Arten überhaupt, Fisch zuzubereiten – die knusprige Panade aus zerbröselten Cornflakes bildet eine schützende Hülle für das schöne Fleisch der zarten Fischfilets. So gelingt der Fisch beim Braten innen herrlich saftig und außen lecker knusprig. Das gibt es bei uns zu Hause mindestens einmal alle 14 Tage. Meine Kinder lieben es, und ich nicht weniger. Statt Fisch kann man auch Garnelen, Jakobsmuscheln, Hähnchen, Lammkoteletts oder Kalbfleisch panieren. Eins schmeckt besser als das andere.

Paniertes Barramundi-Filet mit Chilisauce

Für 4 Personen

60 g Weizenmehl Type 405
2 Eier, leicht verquirlt
50 g Cornflakes, ungesüßt, zerbröselt
etwa 700 g Barramundi-Filet ohne Haut und Gräten (oder ein anderer Fisch mit weißem, festem Fleisch, z.B. Kabeljau)
Meersalz
125 ml Traubenkernöl
Zitronenspalten und Chilisauce zum Anrichten

Das Mehl in eine flache Schüssel geben, in eine weitere Schüssel das verquirlte Ei gießen und in eine dritte die Brösel. Den Fisch in Stücke schneiden, etwas salzen und zuerst leicht im Mehl wenden. Dann durch die Eimasse ziehen und zuletzt in den Cornflakes-Bröseln wenden. Dabei die Brösel leicht andrücken, damit sie gut haften.

Das Öl in einer Pfanne erhitzen und den Fisch darin von einer Seite 3 Minuten goldbraun und knusprig braten. Wenden und nochmals 2 Minuten braten.

Auf Küchenpapier abtropfen lassen und mit Zitronenspalten, Chilisauce und dem Radicchio-Salat (nächste Seite) servieren.

Radicchio-Salat mit Croûtons, Parmesankäse und Balsamessig

Für 4 Personen

Dies wäre zu dem Rezept auf der vorigen Seite als Salat meine erste Wahl. Er sieht klasse aus und ist eine wunderbare Ergänzung zu allem, was gebraten ist. Die leicht bitter schmeckenden Blätter und die Säure des Balsamessigs lockern jedes fettreiche Gericht herrlich auf.

einige Scheiben Weißbrot (ich nehme gerne Sauerteigbrot)
¼ TL fein gehackter Knoblauch
1 TL Dijonsenf
1 EL Balsamessig
1 EL Sherry-Essig oder Rotweinessig
3 EL natives Olivenöl extra
Meersalz
frisch gemahlener, schwarzer Pfeffer
3 Köpfe Radicchio, halbiert und Strunk entfernt
65 g Parmesan, frisch gehobelt

Den Backofen auf 180 °C (Umluft 160 °C) vorheizen. Das Brot in 1 cm große Würfel schneiden, auf einem Backblech verteilen und 4–5 Minuten goldbraun rösten.

Die Würfel in einer kleinen Schüssel mit dem Knoblauch, dem Senf, dem Balsamessig und dem Sherry-Essig vermengen. Das Olivenöl unterrühren und mit Salz und Pfeffer abschmecken.

Die Radicchio-Blätter abtrennen, die welken Blätter dabei aussortieren, und 10 Minuten in kaltes Wasser legen. Abgießen und trocknen (sollte es bis zum Anrichten noch dauern, können Sie sie in einem feuchten Tuch im Kühlschrank frisch halten).

Die Salatblätter grob zerkleinern und gut mit den Croûtons, der Vinaigrette und einem Drittel des Parmesans vermengen. Den restlichen Käse vor dem Servieren darüberstreuen.

Libanesischer Garnelen-Fisch-Salat

Für 4 Personen

2 große, dünne Fladenbrote
Olivenöl, zum Einsprühen des Brots
1 Mini-Gurke, entkernt und grob gehackt
1 Paprika, grün oder rot, entkernt und grob zerkleinert
3 Strauchtomaten, grob gehackt
½ rote Zwiebel, in feine Scheiben geschnitten
1 Dose Cannellini- oder Limabohnen (à 425 g), abgetropft
1 kleine Handvoll Petersilie
3 EL grob gehackte Minze
1 kleine Handvoll Korianderblätter
1 Knoblauchzehe
2 EL Zitronensaft
100 ml natives Olivenöl extra, plus 2 EL extra
200 g Fischfilet (Flathead, Barramundi, Snapper, Antarktischer Schwarzfisch, Leopard-Forellenbarsch, Thunfisch, Atlantischer Lachs oder Meerforelle)
200 g rohe Riesengarnelen, geschält, entdarmt, die Schwänze dranlassen
Meersalz
frisch gemahlener, schwarzer Pfeffer
1 TL Sumak (türkisches Gewürz)

Den Backofen auf 160 °C (Umluft 140 °C) vorheizen. Die Fladenbrote halbieren und in 3–4 cm große Stücke zerreißen. Auf einem Backblech nebeneinander auslegen und mit etwas Olivenöl einsprühen. Etwa 15 Minuten goldbraun und knusprig backen.

In einer großen Schüssel die Gurke mit Paprika, Tomate, Zwiebel, Bohnen, Petersilie, Minze und Koriander vermengen. Das geröstete Brot dazugeben.

Für das Dressing die Knoblauchzehe mit einem Messerrücken grob zerdrücken und mit Zitronensaft und Olivenöl verrühren.

In einer Schüssel den Fisch und die Garnelen mit dem zusätzlichen Olivenöl sowie etwas Salz und Pfeffer gut verrühren. In einer Pfanne bei mittlerer Hitze nach Geschmack braten. Den Fisch in große Stücke zerteilen, die Garnelen ganz lassen und alles zum Salat geben. Den Knoblauch aus dem Dressing nehmen und dann das Dressing über den Salat gießen. Mit Sumak bestreuen und gut vermengen.

Frittierte Garnelen mit Aioli

Für 4 Personen

Nicht selten sind die einfachsten Dinge im Leben die besten, und einfacher als dies geht es eigentlich kaum. Die kleinen Garnelen, auch als Shrimps bekannt, sind das ganze Jahr über gut zu finden. Meist bekommt man sie bereits gegart, denn ihre Lagerfähigkeit ist kürzer als die von Riesen- oder Tigergarnelen. Ungegart findet man sie ansonsten tiefgefroren. Meist sind die Därme nicht entfernt und zuweilen sind sie in drei Kategorien eingeteilt – klein, mittel und groß. Shrimps haben einen süßlicheren Eigengeschmack als die meisten anderen Garnelen. In meinen Augen sind dies die Garnelen mit dem besten Preis-Leistungs-Verhältnis. In letzter Zeit sieht man sie immer häufiger auf verschiedenen Speisekarten – vermutlich weil sie sich einfach toll als Vorspeise oder als kleiner Snack mit einem kalten Bier eignen ... Aber warum auswärts essen, wenn man sie zu Hause in ein paar Minuten fertig hat? Reichen Sie dazu eine gute Aioli und Meersalz, und wenn dann noch die Sonne scheint, sorgen diese Garnelen für den Rest.

500 g rohe Shrimps
Tapiokamehl zum Bestäuben
1 l Pflanzenöl
1 Prise Chiliflocken
2 EL gehackte Petersilie
Meersalz
1 Zitrone, halbiert

Aioli

4 Eigelb
2 TL Dijonsenf
2 EL Weißweinessig
2 EL Zitronensaft
6 Knoblauchzehen, geröstet und fein gehackt
Meersalz
150 ml Olivenöl
frisch gemahlener, schwarzer Pfeffer
150 ml Pflanzenöl

Für die Aioli mit einem Stabmixer die Eigelbe, den Senf, den Essig, den Zitronensaft, den Knoblauch und etwas Meersalz mixen. Dann beim Mixen ganz langsam das Öl in einem feinen Strahl dazugeben, bis die Aioli schön cremig ist. Mit Salz und Pfeffer abschmecken.

Die Garnelen im Mehl wenden, überschüssiges Mehl abklopfen. Das Öl in einer Fritteuse auf 185 °C erhitzen. Die Garnelen darin portionsweise in etwa 1–2 Minuten knusprig goldbraun frittieren. Auf Küchenpapier abtropfen lassen und in eine Schüssel geben.

Chiliflocken, Petersilie und etwas Salz dazugeben und behutsam vermengen. Mit den Zitronenhälften und etwas Aioli zum Dippen auf einer Servierplatte anrichten. Übrige Aioli kann wie Mayonnaise in einem gut gereinigten Marmeladenglas im Kühlschrank aufbewahrt werden.

Vielleicht ist Ihnen ja auf einem Markt oder bei einem Fest schon einmal die Schlange aufgefallen, die sich vor allem dort bildet, wo es Gözleme gibt. Die köstlichen türkischen Fladenbrote, die dort angeboten werden, sind für mich eine der besten Fastfood-Alternativen überhaupt. Ich schaue so gerne zu, wie die Frauen mit ihren weißen Schürzen und Haarnetzen sie ganz dünn ausrollen. Klassisch ist die Füllung aus Spinat und Schafskäse; meine erste Wahl ist Fleisch und Spinat. Wichtig ist bei der Zubereitung, dass man sie goldbraun brät (sie können ruhig ein paar dunklere Stellen haben, das gibt extra Geschmack) und dazu frische Zitrone reicht. Sehr beliebt auch bei Kindern. Ich denke mal, der erste, der diese Spezialität im Franchise-System vertreibt, wird ein Vermögen machen (ist da draußen vielleicht ein Investor, der mich unterstützen möchte?).

Gözleme aus Lamm, Minze, Feta und Spinat mit Zitrone

Für 4 Personen

200 g Joghurt (3,5% Fettgehalt)
Salz
250 g Weizenmehl Type 405, vermischt mit 2 TL Backpulver
1 EL Olivenöl
150 g Lammhack
1 Knoblauchzehe, zerdrückt
1 Prise gemahlener Kreuzkümmel
1 Prise Chiliflocken
4 EL Tomatensaft
50 g junger Spinat
100 g Feta-Käse, zerkrümelt
4 Minzeblätter, gezupft
Olivenöl zum Braten
50 g Butter, zerlassen (nach Belieben)
Zitronenhälften, zum Servieren

Den Joghurt mit einer Prise Salz in einer großen Schüssel glatt rühren. Nach und nach das mit Backpulver vermischte Mehl zu einem schweren Teig unterrühren. Auf eine leicht bemehlte Arbeitsfläche stürzen und den Teig kneten. Dabei das übrige Mehl einarbeiten, bis der Teig weich ist und nur noch leicht klebt. In eine eingefettete Schüssel legen und abgedeckt 30 Minuten ruhen lassen.

Das Öl in einer Pfanne erhitzen und das Lammfleisch darin anbraten. Auf niedrige bis mittlere Stufe zurückschalten und Knoblauch, Kreuzkümmel, Chiliflocken und Tomatensaft dazugeben. Etwa eine Minute mitbraten, bis alles krümelig trocken ist. Auf der ausgeschalteten Herdplatte stehen lassen, dann in eine Schüssel geben.

Auf einer bemehlten Arbeitsfläche aus dem Teig vier gleichmäßig große Kugeln formen. Jede Kugel zu einem 30 cm großen Fladen ausrollen. Jeweils auf eine Hälfte der vier Fladen ein Viertel vom Spinat geben und ein Viertel vom Schafskäse darüberstreuen. Das Lammfleisch und die Minze darauf verteilen und würzen. Den Teigfladen zusammenklappen und die Ränder zum Verschließen mit einer Gabel zusammendrücken.

Eine Grillplatte vorheizen oder eine große Bratpfanne erhitzen. Jede Gözleme auf einer Seite mit Öl bepinseln und auf der Grillplatte oder in der Pfanne backen, bis der Boden goldbraun ist. Die Oberseite mit Öl bepinseln, wenden und wieder goldbraun backen.

Mit zerlassener Butter einpinseln, in vier Stücke teilen und mit Zitronenhälften servieren.

Salat aus Feigen, Basilikum, Büffelmozzarella und Apfel-Balsamico

Für 4 Personen

8 frische Feigen
2 Kugeln Büffelmozzarella (ersatzweise einfache Mozzarella oder Blauschimmelkäse)
16 Basilikumblätter
natives Olivenöl extra, mit Zitrone aromatisiert
Salz
frisch gemahlener schwarzer Pfeffer
8 Scheiben Schinken (z. B. Jamón Ibérico)
Apfel-Balsamessig (oder gut gereifter Balsamessig)

Die Feigen und Mozzarellakugeln halbieren und mit den Basilikumblättern auf einer Platte anrichten. Mit dem Olivenöl beträufeln und Salz und Pfeffer darüberstreuen.

Den Schinken in kleinen Stücken über den Salat verteilen. Alles abschließend mit Apfel-Balsamessig beträufeln.

Also ganz ehrlich, dies ist wohl der Salat, den ich zu Hause am liebsten zubereite. Das Rezept habe ich von einem guten Freund und wundervollen Koch, John Pye, der viele Jahre mit mir in Hugo's Bar Pizza und Hugo's Bondi arbeitete. Heute führt John ein eigenes Café in Manly, Sydney, namens Café Chill. Das Schöne an diesem Gericht liegt in seiner Schlichtheit: Frische, reife Feigen, herrlicher Büffelmozzarella aus Italien und frisches Basilikum, alles mit einem der leckersten Dressings, das mir je begegnet sind. Dieser Salat ist schon für sich genommen umwerfend, wenn Sie das aber trotzdem noch toppen wollen, dann geben Sie hauchdünn geschnittene Scheiben Ibérico-Schinken, Prosciutto oder Coppa darüber. Das muss man einfach probiert haben!

Als feines Antipasto für ein Abendessen oder eine Party können Sie daraus auch Crostini machen: Dünne Weißbrotscheiben mit Öl beträufeln und kurz im Backofen knusprig rösten. Jeweils mit einer Scheibe Feige, einer Scheibe Mozzarella und einem Basilikumblatt belegen und etwas Apfel-Balsamessig darüberträufeln – jeder Vegetarier wird Sie dafür lieben.

Churrasco ist eine südamerikanische Zubereitungsart, bei der Fleisch auf einem Spieß über Feuer gegrillt wird. Ich habe zu Hause einen tollen Grill mit mehreren, sich automatisch drehenden Grillspießen, die ich immer wieder mit den verschiedensten Sorten Fleisch, Fisch und Gemüse bestücke und über Holzkohle und Sägemehl grille, bis sie herrlich rauchig schmecken. Sollten Sie nicht so einen Super-Grill haben, können Sie allerdings das Fleisch genauso gut im Backofen zubereiten oder Steaks grillen. Im Mittelpunkt steht hier die Chimichurri-Sauce – eine scharfe Mischung aus Chilischoten, Kräutern, Essig, Öl und Gewürzen, die die Geschmacksknospen zum Tanzen bringt.

Churrasco aus Wagyu-Rind mit Chimichurri-Sauce

Für 4 Personen

CHIMICHURRI-SAUCE

1 große Handvoll glatte Petersilie

125 ml Olivenöl

4 EL Rotweinessig

1 kleine Handvoll Korianderblätter

2 Knoblauchzehen, geschält

¾ TL Chiliflocken

½ TL gemahlener Kreuzkümmel

½ TL Salz

1 kg Sirloin-Steak oder Filet vom Wagyu-Rind

geräucherte Tomaten-Salsa (gegenüberliegende Seite)

Für die Chimichurri-Sauce Petersilie, Olivenöl, Essig, Korianderblätter, Knoblauch, Chiliflocken, Kreuzkümmel und Salz in einer Küchenmaschine mixen. Die Mischung über das Fleisch geben, aber etwa eine halbe Tasse davon zurückbehalten. Dies wird später zum Fleisch gereicht. Einen Tag oder besser noch zwei Tage marinieren.

Dann das Fleisch aus der Marinade nehmen und auf einen Grillspieß stecken. Über offener Flamme 15–20 Minuten garen, die Dauer hängt davon ab, wie heiß der Grill und wie dick das Fleisch ist (es sollte von der Feuerstelle genommen werden, solange es noch blutig ist und dann 10 Minuten ruhen, bevor es geschnitten wird). Alternativ im Backofen bei 200 °C 20–25 Minuten braten.

Das Fleisch in Scheiben schneiden und die restliche Chimichurri-Sauce darübergeben. Dazu geräucherte Tomaten-Salsa reichen.

Geräucherte Tomaten-Salsa

250 g schwarze Bohnen (oder Kidneybohnen aus der Dose)
4 Strauchtomaten, halbiert
4 Maiskolben, im Ofen oder auf dem Grill geröstet
150 g gegrillte und gehäutete rote Paprika, in Würfel geschnitten (oder spanische Pimientos)
2 EL Chimichurri-Sauce (siehe gegenüberliegende Seite)
2 Handvoll Korianderblätter
Schale von 1 Bio-Limette
2½ EL Limettensaft

RÄUCHERMISCHUNG
100 g loser Tee (vorzugsweise Orange Pekoe)
100 g Reis
100 g Rohzucker
1 Kardamom-Kapsel, zerdrückt
1 Zimtstange, in Stücke gebrochen
einige Koriandersamen
einige Pfefferkörner
einige Szechuanpfefferkörner, ganz

Die Bohnen über Nacht in kaltem Wasser einweichen. Am nächsten Tag abgießen und mit der dreifachen Menge Wasser in einen Topf geben. Zwei Stunden leise köchelnd garen, dann abgießen und abkühlen lassen. (Bohnen aus der Dose vor der Verwendung gut abspülen.)

Den Boden eines Wok mit Alufolie auslegen und die Räuchermischung hineingeben. Auf mittlerer bis hoher Stufe erhitzen und einen Dämpfeinsatz oder ein Gitter obendrauflegen. Die Tomaten mit der Schnittfläche nach unten auf das Gitter legen und mit dem Deckel abdecken. 10 Minuten räuchern, dann den Deckel abnehmen und die Tomaten abkühlen lassen, um sie leichter häuten zu können.

Die Tomaten fein zerkleinern und mit Bohnen, Maiskörnern, gegrillter Paprika, Chimichurri-Sauce, Koriander, Limettenzesten und -saft vermischen.

Ibérico-Schinken, marinierte Oliven und Pan con tomate

Ibérico-Schinken

100 g Jamón Ibérico (spanischer Schinken)
natives Olivenöl extra, aus Spanien (nach Belieben)

Den Schinken kann man fertig geschnitten in spanischen Feinkostläden, gut sortierten Supermärkten oder bei einem guten Metzger kaufen – oder (für einen besonderen Anlass) nimmt man einen ganzen Schinken und schneidet ihn selbst. Probieren Sie aus, ob Ihnen der Schinken mit oder ohne etwas darübergeträufeltem Olivenöl besser schmeckt.

Marinierte Oliven

2 Zimtstangen
3 Sternanis
2 EL Kümmelsamen
Schale einer Bio-Orange, in große Stücke geschnitten
2 TL Fenchelsamen
2 TL Koriandersamen
2 TL Kardamomkapseln
einige Rosmarinzweige
500 ml natives Olivenöl extra
1 Schuss Sambuca (nach Belieben)
500 g schwarze Oliven

Alle Zutaten außer den Oliven bei mäßiger Hitze 5–10 Minuten erhitzen, bis sich auf dem Öl kleine Blasen zu bilden beginnen (nicht aufkochen). Die Oliven hineingeben und vom Herd nehmen. Vor dem Servieren im Topf abkühlen lassen. Die Oliven können in einer Frischhaltebox aufbewahrt werden.

»Pan con tomate«, übersetzt Brot mit Tomate, ist in ganz Spanien ein Klassiker. Schon dies allein ist im Sommer, wenn es die besten Tomaten gibt, eine tolle Vorspeise.

Pan con tomate

1 Weißbrot, in Scheiben geschnitten
Olivenöl
4 Knoblauchzehen, geschält
1 EL Meersalz
125 ml natives Olivenöl extra
10 vollreife Tomaten, halbiert
frisch gemahlener, schwarzer Pfeffer

Die Brotscheiben mit etwas Olivenöl bepinseln und im Backofen rösten. Knoblauch und Meersalz im Mörser zerreiben, dann das Olivenöl zugeben.

Jeweils eine halbe Tomate kräftig über eine Brotscheibe reiben und dabei Samen, Saft und Fruchtfleisch herausdrücken. Das Olivenöl und die Salz-Knoblauch-Mischung über das Brot geben und etwas Pfeffer darübermahlen.

Ibérico-Schinken ist eine der größten Delikatessen überhaupt. Ich bin immer wieder überwältigt, wie gut er schmeckt – es wäre unfair, andere Schinken damit vergleichen zu wollen, denn er hat seinen ganz eigenen Geschmack. Jamón Ibérico wird aus dem Fleisch des schwarzen Ibérico-Schweins gemacht, einem Verwandten des Wildschweins und die letzte frei laufend weidende Schweinerasse in Europa. Das Iberische Schwein lebt ausschließlich im Südwesten der iberischen Halbinsel. Es zeichnet sich aus durch lange und kräftige Beine, kurzen Nacken und spitze Schnauze, dunkles Fell und vor allem dunkle Klauen, weshalb es im Spanischen auch »pata negra« genannt wird. Die besondere Eigenschaft des Ibérico-Schweins ist, dass es wertvolle Fette in seinen Muskeln einlagert (Marmorierung), ähnlich wie es beim Wagyu-Rind der Fall ist. Der Schinken dieser Schweine, die sich nur von Eicheln und Gräsern ernähren, wird fachkundig gesalzen, zum Trocknen aufgehängt und reift dann etwa drei Jahre lang. Pro Person benötigt man nur eine kleine Menge, etwa 10–20 g, denn er ist sehr gehaltvoll. Ich finde, er gibt ein großartiges Geschenk ab – man kann

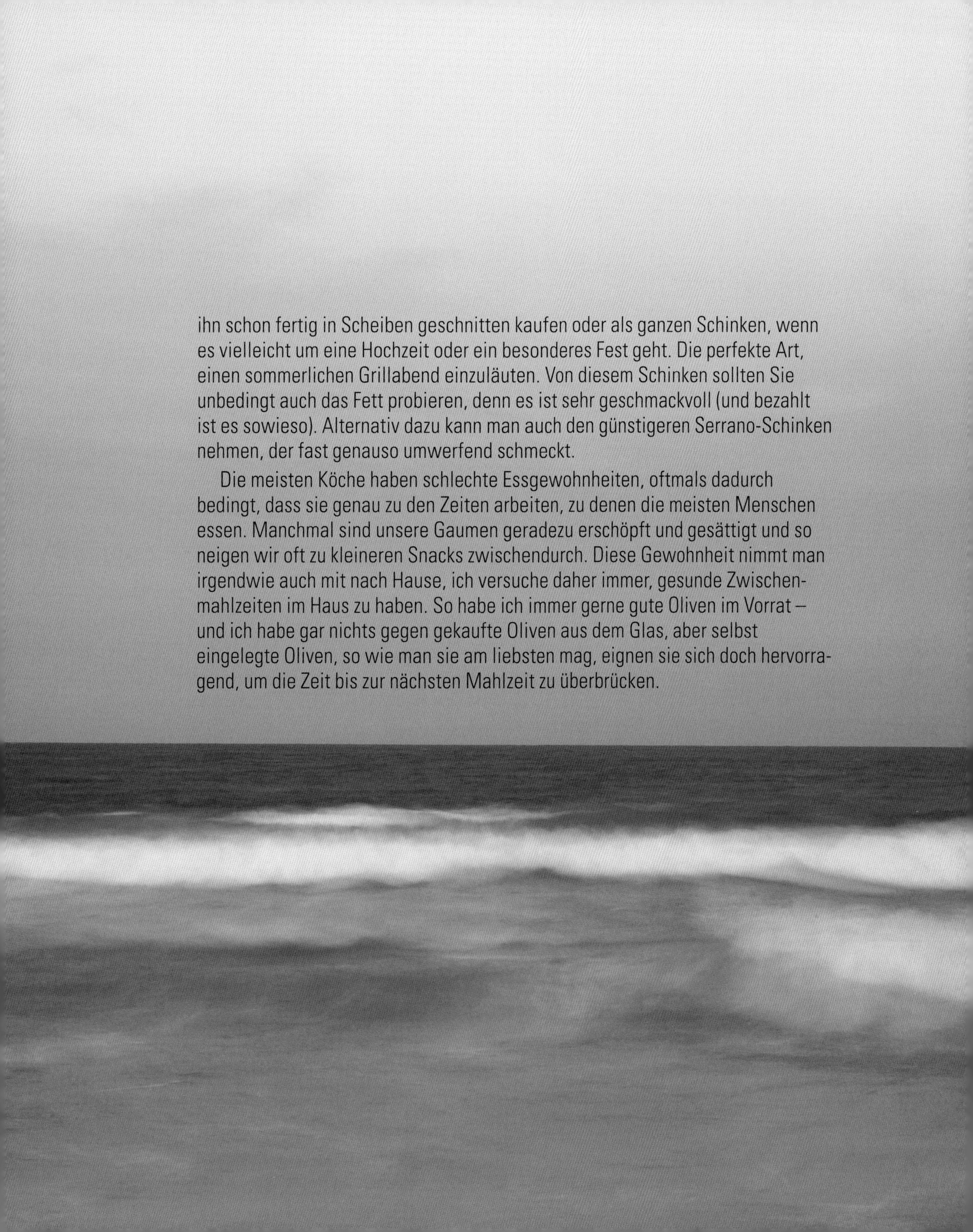

ihn schon fertig in Scheiben geschnitten kaufen oder als ganzen Schinken, wenn es vielleicht um eine Hochzeit oder ein besonderes Fest geht. Die perfekte Art, einen sommerlichen Grillabend einzuläuten. Von diesem Schinken sollten Sie unbedingt auch das Fett probieren, denn es ist sehr geschmackvoll (und bezahlt ist es sowieso). Alternativ dazu kann man auch den günstigeren Serrano-Schinken nehmen, der fast genauso umwerfend schmeckt.

Die meisten Köche haben schlechte Essgewohnheiten, oftmals dadurch bedingt, dass sie genau zu den Zeiten arbeiten, zu denen die meisten Menschen essen. Manchmal sind unsere Gaumen geradezu erschöpft und gesättigt und so neigen wir oft zu kleineren Snacks zwischendurch. Diese Gewohnheit nimmt man irgendwie auch mit nach Hause, ich versuche daher immer, gesunde Zwischenmahlzeiten im Haus zu haben. So habe ich immer gerne gute Oliven im Vorrat – und ich habe gar nichts gegen gekaufte Oliven aus dem Glas, aber selbst eingelegte Oliven, so wie man sie am liebsten mag, eignen sie sich doch hervorragend, um die Zeit bis zur nächsten Mahlzeit zu überbrücken.

Austern mit Campari-Grapefruit-Granita

Für 12 Portionen

2½ EL Campari
1½ EL Sekt, trockener Weißwein oder Weißweinessig
2 TL Zucker
100 ml Grapefruitsaft
12 Austern, auf zerstoßenem Eis

Campari, Sekt (Wein oder Essig), Zucker und Grapefruitsaft in einem Topf auf mittlerer Stufe erhitzen, bis sich der Zucker aufgelöst hat. In eine Metallform gießen und einige Stunden gefrieren lassen. Zwischendurch eine Gabel durch die gefrorene Mischung ziehen, um sie körnig aufzulockern.

Die Austern auf einer Platte mit zerstoßenem Eis anrichten und die Granita in einer kleinen Schüssel in die Mitte stellen.

Was kann es Schöneres geben, was noch dazu so leicht anzurichten ist, als eine Platte voller frischer Austern an einem ungetrübten Sonnentag. Für den wahren Puristen wird es immer nur eine richtige Art geben, Austern zu essen: Direkt aus der Muschel mit dem eigenen Saft als Dressing – kein Salz, keine Zitrone, kein gar nichts.

Ich selbst esse sie liebend gerne so, aber nicht jedes Mal. Ich experimentiere auch hin und wieder gerne mit verschiedenen Varianten herum und das hier vorgestellte Rezept ist eines meiner Favoriten – es geht ganz einfach und sieht doch so beeindruckend aus.

Pizza mit Gorgonzola, Feigen und Pancetta

Für 4 Personen

Wenn Feigen Hochsaison haben, dann geht es mir immer richtig gut. Feigen sind eine sehr vielfältige Frucht, die in jeder Küche einen Ehrenplatz verdient. In Scheiben geschnitten auf einem Pfannkuchen zum Frühstück, kombiniert mit italienischem Aufschnitt auf einem Antipasto-Teller, in einem zarten Salat, oder nach dem Essen zu feinem Käse ... Feigen sind wahrlich eines der ganz großen Geschenke, die die Natur für uns bereithält.

Eine Art, auf die ich sehr gerne Feigen verwende, ist Pizza (ich nehme manchmal von der Arbeit ein oder zwei Kugeln Pizzateig für das Abendessen mit nach Hause). Ich kombiniere sie dann mit köstlich cremigem Gorgonzola dolce und hauchdünn geschnittener Pancetta. Sollten unter den Essern Kinder sein und diese, wie es häufig vorkommt, nicht so viel übrig haben für Blauschimmelkäse, kann dieser auch durch Büffelmozzarella oder Ricotta ersetzt werden.

1 Rezept Pizzateig (siehe Seite 153)
sehr feiner Weizengrieß oder Weizenmehl, zum Ausrollen des Pizzateigs
1 Rezept Pizzasauce mit Tomaten (siehe Seite 153)
1 Handvoll gehackte Petersilie
120 g Mozzarella, in Stücke geschnitten
24 dünne Tomatenscheiben
28 Pancettastreifen
180 g Gorgonzola dolce, in Stücke geschnitten
Meersalz
frisch gemahlener schwarzer Pfeffer
6 frische Feigen
1 Handvoll Rucolablätter
ca. 75 ml Apfel-Balsamessig

Den Backofen auf höchste Stufe vorheizen. Den Teig vierteln und auf einer leicht bemehlten Arbeitsfläche jeweils zu einem dünnen Pizzaboden ausrollen. Auf Backbleche verteilen und die Böden mit einer Gabel einstechen, damit sich beim Backen keine Luftblasen bilden.

Die Pizzaböden mit der Sauce bestreichen und Petersilie, Mozzarella, Tomaten, Pancetta und Gorgonzola darüber verteilen. Mit Salz und Pfeffer würzen. Im Backofen in 5–10 Minuten knusprig goldbraun backen.

Die Feigen in Scheiben schneiden und auf die fertigen Pizzas legen. Darüber ein paar Rucolablätter verteilen und diese mit dem Apfel-Balsamessig beträufeln.

Für Mangrovenkrabben kenne ich einen guten, einen ganz speziellen Ort … meinen Magen. Ein guter Freund von mir lebt im Northern Territory, Steve Travia, alias der Fischflüsterer. Wenn ich bei ihm bin, machen wir uns auf den Weg zu seinem Anwesen, ein paar Stunden westlich von Darwin, und was dann kommt, ist eine Woche jagen, fischen, trinken und lachen (ganz zu schweigen von harter Arbeit). Am ersten Tag (meist sehr früh, das hängt von den Gezeiten ab) legen wir unsere Krabbentöpfe aus und bei Sonnenuntergang, auf dem Heimweg nach einer 10-stündigen Angelsession, prüfen wir die Fallen – in der Regel ist immer genug drin für eine Mahlzeit. Und so steht jeden Abend Krabbe auf dem Speiseplan, zusammen mit Barramundi, Leopard-Forellenbarsch, Golden Snapper, Mojitos, Bier – klar, Sie können sich's vorstellen. Auf jeden Fall haben wir, da Mangrovenkrabben da oben wie Unkraut gedeihen, uns viele leckere Rezepte ausgedacht, um diese Dinger zu verarbeiten … es ist echt hart, ein Aussie zu sein (oder eine Krabbe).

Chili-Mangrovenkrabben

Für 4 Personen

4 Mangrovenkrabben, tiefgefroren (alternativ: Königs- oder Schneekrabben)
125 ml Öl
8 Knoblauchzehen, gehackt
4 Bananenchili (hellgrün bis orangefarben mit süßlichem Geschmack), in kleine Stücke geschnitten
4 EL in Julienne geschnittener frischer Ingwer
2 EL gehackte Korianderwurzel
250 ml Tomatensauce (oder Ketchup)
125 ml süße Chilisauce
375 ml Hühnerbrühe
125 ml Hoisin-Sauce
2 EL Fischsauce
1–2 EL Zucker
2 TL Meersalz
1 Handvoll gehackte Frühlingszwiebeln, nur das Grüne
1 Handvoll gemischte Kräuter (Minze, vietnamesischer Koriander und Korianderblätter)
1 Schälchen Kirschtomaten (250 g), halbiert

Die Krabben auftauen lassen.

Die Krabben mit einem Hackbeil der Länge nach halbieren und jede Hälfte dritteln. Die Scheren mit der Rückseite eines Messers oder einem Hackbeil aufbrechen, sodass sie sich öffnen und die Sauce gut aufnehmen können.

In einem großen Wok das Öl erhitzen und Knoblauch, Chilischoten, Ingwer und Korianderwurzel anbraten, bis alles gut duftet. Die Krabben dazugeben und nur kurz erhitzen, damit das Fleisch nicht trocken wird. Tomatensauce, Chilisauce, Brühe (oder Wasser), Hoisin-Sauce, Fischsauce, Zucker und Salz dazugeben, gut verrühren und aufkochen lassen. Die Frühlingszwiebeln, Kräuter und Kirschtomaten dazugeben. Mit gedämpftem Jasminreis, Krabbenzange, Krabbenspießen, Fingerschüssel und Getränken servieren.

In Folie gegrillte Muscheln

Für 4 Personen

Mit dieser Rezeptidee können Sie ohne viel Aufwand und Brimborium für Ihre Gäste mal etwas ganz anderes zubereiten. Eine Vorspeise vom Grill kommt einfach immer gut an – und das Tolle bei diesem Rezept ist dessen Einfachheit – und man kann alle möglichen Fische und Meeresfrüchte so zubereiten: Flathead-Filets, Garnelen, Kalmar oder eben Miesmuscheln. Was das Meer halt so hergibt. Alles was man braucht, ist Alufolie, Butter, Knoblauch, Chilischoten, Kräuter, Zitrone und natürlich Fisch oder Meeresfrüchte, die so frisch wie irgend möglich sein sollten. Wer mag, kann etwas Pasta kochen und am Ende in die Sauce rühren. Und wer richtig Eindruck schinden möchte, reibt etwas Bottarga darüber.

1 kg Muscheln
3 EL Butter
2 EL natives Olivenöl extra
2 EL gehackter Knoblauch
1 EL gehackte rote Peperoni
2 EL gehackte Petersilie
2 EL Weißwein
Schale und Saft von 1 Bio-Zitrone
1 TL geriebener Bottarga (italienische Fischspeise aus Fischrogen, nach Belieben)

Zwei große Schüsseln mit einer doppelten Schicht Alufolie auslegen. Die Muscheln mit Butter, Olivenöl, Knoblauch, Peperoni, Petersilie, Wein, Zitronenschale und -saft vermischen und auf die beiden Schüsseln aufteilen. Die Folie oben jeweils gut verschließen.

Die beiden Päckchen auf einen vorgeheizten Grill oder in einen auf 180 °C (Umluft 160 °C) vorgeheizten Backofen legen und etwa 5 Minuten garen, bis sich die Muscheln geöffnet haben. Kräftig durchschütteln, damit sich die Mischung überall gut verteilt.

Mit dem geriebenen Bottarga bestreuen und servieren. Ich tunke am Ende gerne frisches Brot in den Sud.

ANMERKUNG: Bottarga ist getrockneter und gepresster Rogen von Meeräsche oder Thunfisch. Erhältlich in Feinkostläden. Alternativ kann man auch am Anfang 1 gehackte Sardelle dazugeben.

Stubenküken mit Polentakruste und Salsa aus grünen Oliven

Für 4 Personen

Ab und zu bereite ich zu Hause gerne Stubenküken zu – ich mag es, Fleisch vom Knochen zu knabbern und bei Stubenküken hat man den vollen Genuss, aber es gart viel schneller als ein normales Hähnchen. Bei diesem Gericht kommt zum Panieren eine Mischung aus Polenta und Parmesan anstelle von Paniermehl zum Einsatz, das wird knuspriger und passt gut zu dem besonderen Salat, der dazu gereicht werden soll. Ein »Salat«, der eigentlich eine köstliche Salsa ist aus grünen Oliven, Petersilie, Stangensellerie und Zitrone, die auch gut zu Fisch passt. Dieses Gericht wird bei Groß und Klein gleichermaßen gut ankommen, allerdings mögen Kinder oft statt der Oliven lieber ein paar Zitronenspalten.

ZWIEBELCONFIT
150 g Zwiebeln, klein geschnitten
250 ml Olivenöl

200 ml Kalbsfond
100 g Polenta (Maisgrieß)
60 g Parmesan, frisch gerieben
Salz
frisch gemahlener, schwarzer Pfeffer
4 EL gehackte Petersilie
4 Stubenküken (à etwa 500 g)
ca. 75 ml natives Olivenöl extra
Rapsöl zum Braten
120 g grüne Oliven, entsteint
2 EL fein gewürfelter Staudensellerie
2 EL gehackte Petersilie
2 EL Zitronensaft

Für das Zwiebelconfit die klein geschnittene Zwiebel und das Olivenöl auf kleinster Stufe etwa 2 Stunden sämig einkochen lassen. Für dieses Rezept werden vom Confit 2 Esslöffel benötigt, der Rest kann in einem Schraubglas im Kühlschrank aufbewahrt werden.

Den Kalbsfond auf mittlerer Stufe erhitzen und auf die Hälfte einkochen. Den Backofen auf 180 °C (Umluft 160 °C) vorheizen.

Für die Panade den Maisgrieß mit Parmesan, Petersilie, etwas Meersalz und frisch gemahlenem Pfeffer mischen. Die Stubenküken am Rückgrat entlang aufschneiden, den Körper vorsichtig öffnen. Mit der Knochenseite nach unten fest auf einem Brett flach drücken und jeweils in vier Teile schneiden. Das Fleisch mit Olivenöl einreiben und sorgfältig in der Panade wenden.

Das Rapsöl erhitzen und das Fleisch darin auf beiden Seiten goldbraun anbraten. Dann in eine Auflaufform oder auf ein Backblech legen und etwa 10 Minuten im Ofen garen. Der austretende Saft sollte klar sein, wenn man das Fleisch mit der Messerspitze einsticht.

Die grünen Oliven mit den Selleriewürfeln, dem Zwiebelconfit, der Petersilie, dem Zitronensaft und den Oliven vermischen und mit Salz und Pfeffer abschmecken. Etwas Oliven-Salsa auf einem Teller verteilen, das Stubenküken darauflegen und darüber nochmals etwas Salsa geben. Zum Abschluss etwas Kalbsjus darüberträufeln.

Tomaten-Oliven-Salat mit Büffelmozzarella

Für 4 Personen

4 Strauchtomaten, in Spalten geschnitten
1 Schalotte, in feine Scheiben geschnitten
2 Kugeln Büffelmozzarella
16 Basilikumblätter
3 EL natives Olivenöl extra
1 EL guter Balsamessig
20 schwarze Oliven (Taggiasca oder Manzanillo)
Meersalz
frisch gemahlener, schwarzer Pfeffer
Grissini, zum Servieren (nach Belieben)

Die Tomaten mit den in Scheiben geschnittenen Schalotten auf einer Platte anrichten. Die Mozzarellakugeln auseinanderzupfen und mit den Basilikumblättern auf den Tomaten verteilen.

Den Salat mit Olivenöl und Balsamessig beträufeln, Oliven darübergeben und mit Salz und frisch gemahlenem Pfeffer würzen. Nach Belieben mit Grissini servieren.

Risotto mit Wittling, Erbsen und Bottarga

Für 4 Personen

Dieses Gericht macht wunderbar deutlich, mit wie wenig Zutaten man ein wirklich tolles Essen zaubern kann. Im letzten Sommer war ich mit meinem Schwager Udo angeln und schon nach kurzer Zeit hatten wir einige Wittlinge am Haken. Es war einer dieser Nachmittage, an denen einfach alles passte: kaum Badende, ein großartiger Sonnenuntergang, viele hungrige Fische. Ich trug ein paar Filets nach Hause, ohne so genau zu wissen, was ich daraus machen wollte. Im Kühlschrank fand ich nur ein paar frische Erbsen (ja, sicher auch mein Kühlschrank steckt nicht immer voller Delikatessen) und im Gefrierschrank Bottarga. Wir haben einen kleinen Kräutergarten, in dem Minze gedeiht, und so kam mir die Idee, mit eben diesen Zutaten ein Risotto zu zaubern. Ein wenig aufgeregt war ich schon, immerhin sollten diese armen Wittlinge ja nicht für ein unterdurchschnittliches Mahl gestorben sein, aber das Ergebnis war eines der feinsten Gerichte, die ich je zu Hause gekocht habe. Das kommt auf jeden Fall wieder auf den Tisch, wenn der nächste Wittling anbeißt.

500 ml Hühnerbrühe
150 g frische gepalte Erbsen (oder tiefgekühlt)
4 Knoblauchzehen, fein gehackt
1 Zwiebel, geschält und in feine Ringe geschnitten
2 EL Butter
2 EL Olivenöl
200 g Arborio-Risottoreis
250 ml Weißwein
1 Handvoll Minzeblätter
1 Prise Chiliflocken
300 g Wittlingfilets mit Haut, in große Stücke geschnitten
Salz
frisch gemahlener, schwarzer Pfeffer
2 EL mit Zitrone aromatisiertes Olivenöl
1 EL geriebener Bottarga (getrockneter Rogen der Meeräsche)
Limettenspalten, zum Servieren

Die Hühnerbrühe in einem Topf zum Kochen bringen, die Erbsen zufügen und 3 Minuten garen.

Knoblauch und Zwiebel mit Butter und Öl in einem großen Topf bei mittlerer Hitze weich schwitzen. Den Reis dazugeben und 1 Minute unter Rühren mit einem Holzlöffel anschwitzen, bis der Reis glasig ist. Die Hitze erhöhen und den Wein angießen, etwa 1 Minute rühren, bis der Wein verkocht ist. Die Brühe durch ein Sieb in den Topf gießen (die Erbsen im Sieb lassen), gut verrühren und die Hitzezufuhr verringern. Etwa 12 Minuten unter häufigem Rühren garen.

Kurz bevor der Reis gar ist, Minze, Chili, Fisch und Erbsen dazugeben und mit Salz und frisch gemahlenem Pfeffer würzen. Unter Rühren etwa 1 Minute weiterkochen, bis der Reis fertig ist und der Fisch eben gar.

Auf Teller verteilen, mit dem mit Zitrone aromatisierten Olivenöl beträufeln und etwas Bottarga darüberreiben. Nach Belieben mit Limettenspalten servieren.

Sashimi mit japanischem Sojadressing

Für 4 Personen

200 g für Sashimi geeignete Fischsorten (Thunfisch, Meerforelle, Atlantischer Lachs, Königsmakrele, Jakobsmuscheln oder Garnelen)
Wasabi (japanischer Meerrettich, nach Geschmack)
eingelegter Ingwer (nach Belieben)

JAPANISCHES SOJA-DRESSING
2 EL Sake (Reiswein)
3 EL Mirin (süßer Reiswein)
250 ml dunkle Sojasauce
3 EL Tamari-Sojasauce
10 g Bonito-Flocken (getrockneter und fein gehobelter Thunfisch, erhältlich in Asia-Läden)
1 TL Traubenkernöl

Für das Dressing Sake und Mirin in einem Stieltopf auf mittlerer Stufe erhitzen und den Alkohol anzünden. Dann die dunkle Sojasauce, die Tamari-Sojasauce, die Bonito-Flocken und das Traubenkernöl zugeben und über Nacht an einem dunklen, kühlen Ort ziehen lassen.

Die Flüssigkeit durch ein feines Tuch, Musselin oder Käseleinen, abseihen und an einen kühlen, dunklen Ort stellen.

Den Fisch mit einem sehr scharfen Messer in feine Filetstücke schneiden und mit Wasabi und eingelegtem Ingwer schön anrichten. Mit dem Dressing servieren.

Viele Speisekarten der besten Restaurants des Landes haben zur Zeit eine Gemeinsamkeit – rohen Fisch. Ob Carpaccio, Sashimi oder Fischtatar, eine Vorspeise aus rohem Fisch hat für mich immer einen großen Reiz. Ich kann davon ausgehen, dass sie nicht zu sättigend ist und ich auch den nächsten Gang und sogar zum Abschluss ein Dessert oder eine Käseplatte genießen kann.

Rohen Fisch zu Hause zuzubereiten ist viel leichter, als man gemeinhin denkt: Wichtig sind ein scharfes Messer und der frischste Fisch, den man auftreiben kann. Achten Sie beim Kauf auf Sashimi-Qualität. Dabei handelt es sich um die besten Teile vom Fisch, die der Fischhändler zu Filets ohne Haut und Gräten geputzt hat, sodass man sie problemlos zu Sashimi oder Carpaccio weiterverarbeiten kann. Zu den beliebtesten Fischen für Sashimi zählen Gelbflossen-Thun oder anderer Thunfisch, Lachs und Hiramasa (Gelbschwanz-Makrele). Ich nehme darüber hinaus auch gerne Snapper, hauchdünn geschnittenen Wittling, Jakobsmuscheln, Hummer und Tintenfisch. Wenn Sie also das nächste Mal auf einem Fischmarkt sind, dann wagen Sie es einfach mal – kombinieren Sie zu Hause rohen Fisch mit dem hier beschriebenen Dressing, Sie werden sich fühlen wie im feinsten Restaurant.

Karamellisierte Chicorée-Tartes mit kurz gebratenen Jakobsmuscheln

Ergibt 24 Stück

4 Chicorée-Köpfe, geputzt
2 EL Butter
3 EL Vollrohrzucker
3 EL Orangensaft, frisch gepresst
Salz
frisch gemahlener, schwarzer Pfeffer
2 tiefgekühlte Scheiben Blätterteig, aufgetaut
1 großes Ei, leicht verquirlt
24 Jakobsmuscheln
2 EL Lachskaviar

Die Chicorée-Köpfe in 2,5 cm dicke Stücke schneiden. Die Butter in einer großen Pfanne zerlassen und den Chicorée darin leicht andünsten. Etwas Zucker darüberstreuen und leicht karamellisieren lassen. Dann den Orangensaft angießen und kochen, bis alle Flüssigkeit verkocht ist. Mit Salz und Pfeffer würzen, vom Herd nehmen und abkühlen lassen. Den Backofen auf 200 °C (Umluft 180 °C) vorheizen. Ein 24er-Muffin-Backblech leicht einfetten.

Den Chicorée mit einem Löffel in die Muffinmulden verteilen. Blätterteig etwas ausrollen und Kreise in der Größe der Mulden ausstechen. Diese auf den Chicorée legen. Mit verquirltem Ei bepinseln und goldbraun backen.

Die Jakobsmuscheln in einer Pfanne bei mittlerer Hitze in einem Hauch Öl kurz anbraten. Wenden und auf der anderen Seite 10 Sekunden braten, dann vom Herd nehmen.

Die Chicorée-Tartes auf eine Platte stürzen. Jeweils eine Jakobsmuschel und etwas Lachskaviar darübergeben.

Dies sind tolle Canapés für eine Party: Klein, fein und superlecker, also genauso, wie man sich ein mundgerechtes Häppchen vorstellt. Ich mag an diesem Gericht besonders die Zusammenstellung der Aromen: der karamellisierte, bittere Chicorée gedünstet in Orangensaft und Zucker mit knusprigem Blätterteig und Jakobsmuscheln. Zweifellos gehören Jakobsmuscheln wohl zu den leckersten Schätzen, die das Meer zu bieten hat. Die Canapés können auch in einer größeren Form zubereitet werden, dann mit jeweils 4 Jakobsmuscheln, und vielleicht mit einem Salat aus Brunnenkresse.

Porcetto arrosto – Giovannis Spanferkel aus dem Ofen

Für 4 Personen

Es gibt einige Rezepte, die in meiner Küche gelandet sind, weil ich sie im Restaurant von Freunden kennengelernt habe. Seit ich Kinder habe, gehe ich sehr viel seltener auswärts essen. Das Gute daran ist, dass ich so zu Hause mehr Zeit für das habe, was ich gerne tue – kochen. Ab und zu allerdings nehme ich mir die Zeit, eines meiner Lieblingsrestaurants zu besuchen ... Dieses Rezept habe ich von Giovanni Pilu in Freshwater bei Sydney. Er ist Sarde und sein Restaurant ist eines meiner bevorzugten Speiselokale in ganz Australien. Es liegt oberhalb eines der schönsten Strände des Landes und hat wohl mit das netteste Personal der ganzen Stadt. Dies ist eine seiner absoluten Spezialitäten.

½ Spanferkel, der Länge nach halbiert (etwa 2,5 kg), ohne Kopf
40 g Meersalz
Olivenöl
einige Rosmarinzweige

APFELSAUCE
50 g Butter
6 Äpfel Sorte Granny Smith, geschält, vom Kerngehäuse befreit und in Scheiben geschnitten
3 EL Zucker
1 Prise gemahlener Zimt
3 Nelken, gemahlen
1½ EL Wermut

Das Spanferkel mit der Haut nach oben in eine große Ofenform legen. Großzügig Meersalz auf die Haut streuen und gründlich einreiben. 15 Minuten stehen lassen, bis die Haut feucht wird. Dann großzügig Öl über die Haut träufeln, einreiben und wieder Meersalz daraufstreuen. Den Backofen auf 150 °C (Umluft 130 °C) vorheizen.

Das Ferkel im Backofen auf der unteren Schiene 2 Stunden braten, bis die Haut beginnt, sich vom Fleisch zu lösen. Aus dem Backofen nehmen und das Salz von der Haut abreiben. Den Backofen nun auf 220 °C (Umluft 200 °C) erhitzen. Das Spanferkel nochmals etwa 10 Minuten in den Ofen schieben, bis die Haut knusprig wird.

Das Ferkel auf ein großes Schneidebrett legen, mit Alufolie abdecken und 10 Minuten ruhen lassen. Dann in Stücke zerteilen.

Für die Apfelsauce die Butter bei niedriger Hitze in einer großen Pfanne zerlassen. Die Apfelscheiben dazugeben und etwa 10 Minuten dünsten. Zucker, Zimt, Nelken und Wermut unterrühren. Einen Deckel auflegen und unter gelegentlichem Rühren garen, bis die Äpfel weich, aber noch stückig sind.

Die Spanferkelteile mit Rosmarinzweigen und Apfelsauce servieren.

Lammkeule in Harissa mit Salat aus gebackenem Kürbis, Feta und Granatapfel

Für 4 Personen

Hmmm, lecker, Lammbraten ... Ist es nicht toll, wenn man zum Essen eingeladen wird und erfährt, dass Lamm gebraten wird? Oder, noch besser, wenn man von der Arbeit nach Hause kommt, die Tür öffnet und dann Lammbraten riecht? Dies ist mein Lammrezept, wenn ich Lust auf kräftige Würze habe. Harissa, eine nordafrikanische Gewürzpaste aus Chilischoten, Knoblauch, Kreuzkümmel, Koriander und Olivenöl, ist, sparsam verwendet, sehr verführerisch – sie schmeichelt dem Gaumen und man kann gar nicht genug bekommen. Als Beilage zum Lamm schlage ich hier einen Salat vor aus gebackenem Kürbis mit einem Dressing aus Granatapfelsirup (Grenadine), von dem man immer etwas im Haus haben sollte.

1 Lammkeule (2–3 kg), mit Knochen
4 EL Harissa-Paste
1 EL natives Olivenöl extra

Die Lammkeule auf Zimmertemperatur erwärmen. Es ist wichtig, genau zu wissen, wie viel sie wiegt. Den Backofen auf 180 °C (Umluft 160 °C) vorheizen. Das Lammfleisch zuerst mit der Harissa-Paste bestreichen, dann mit dem Olivenöl.

Die Lammkeule 45 Minuten braten, plus jeweils 25 Minuten für jedes Kilo Gewicht. Bei einem Gewicht von 2 kg also 95 Minuten. Aus dem Ofen nehmen und locker mit Alufolie abgedeckt etwa 30 Minuten ruhen lassen. In Scheiben schneiden und mit dem Salat servieren.

Salat aus gebackenem Kürbis, Feta und Granatapfel

600 g Kürbis, klein geschnitten
1 kleine rote Zwiebel, in Schnitze geschnitten
1 Prise gemahlener Kreuzkümmel
1 Prise Chiliflocken
Salz und frisch gemahlener, schwarzer Pfeffer
1 EL natives Olivenöl extra
1 Handvoll Minzeblätter
120 g Feta aus Schafsmilch
2 EL Pinienkerne, geröstet
1–2 EL Granatapfelsirup (Grenadine)
2 EL ausgelöste Granatapfelkerne

Den Backofen auf 200 °C (Umluft 180 °C) vorheizen. Den Kürbis und die Zwiebel in eine Auflaufform legen und mit dem Kreuzkümmel, den Chiliflocken und etwas Meersalz und Pfeffer vermengen. Mit Olivenöl beträufeln und goldbraun backen. Dann Minze, Feta und Pinienkerne unterrühren. Vor dem Servieren Granatapfelsirup darüberträufeln und mit Granatapfelkernen bestreuen.

Pfeffrige Bärenkrebse in Shaoxing-Reiswein

Für 4 Personen

2 TL Salz
2 TL weiße Pfefferkörner
1 TL schwarze Pfefferkörner
1 TL Szechuanpfefferkörner, ganz
2 EL Pflanzenöl
ein Stück Ingwer, 3 cm, fein gerieben
3 Knoblauchzehen, fein gehackt
12 Moreton Bay oder Balmain Bugs (Bärenkrebse, scherenlose Hummerarten), tiefgekühlt, aufgetaut, halbiert und entdarmt
3 EL Shaoxing-Reiswein (oder trockener Sherry)
2 TL Zucker
4 Frühlingszwiebeln, in feine Scheiben geschnitten
1 kleine Handvoll Korianderblätter
Zitronenspalten, zum Servieren

Das Salz mit den Pfefferkörnern im Mörser fein zerreiben.

Das Öl in einem Wok erhitzen und Ingwer, Knoblauch und die Hälfte der Salz-Pfeffer-Mischung zufügen. 1–2 Minuten anbraten, bis alles stark duftet. Die Bärenkrebse dazugeben und kurz anbraten. Den Shaoxing-Reiswein mit dem Zucker verrühren und in den Wok gießen. Aufkochen und abgedeckt 5 Minuten köcheln lassen.

Die Frühlingszwiebeln und die Hälfte der Korianderblätter untermischen.

Sofort mit dem restlichen Koriander, der übrigen Salz-Pfeffer-Mischung und den Zitronenspalten servieren.

Fische und Meeresfrüchte sind das neue Fast Food. Wenn das doch nur jeder Mensch der westlichen Welt begreifen würde oder könnte! Wie sehr käme das unserer Gesundheit zugute. Wir würden den ganzen abgepackten Fertigkram, der heute für so viele eine schnelle Mahlzeit abgibt, ersetzen können. Wie Udo, mein Schwager, jedes Mal sagt, wenn einer ihn nach seinen politischen oder religiösen Ansichten fragt: »Ein frischer Fisch ergibt ein verdammt tolles Essen, mein Freund.« Dem bleibt nichts hinzuzufügen. Die hier vorgestellte Variante verleiht einem frischen Fisch oder einem Krustentier eine würzige Geschmacksnote.

Robbo's Ribs

Für 4 Personen

Robbo, eigentlich Michael Roberts, ist ein guter Freund von mir, wir gehen oft zusammen am Hafen angeln und treffen uns zum Boxing Day oder an Sylvester. Michael ist, neben anderen Dingen, bekannt für seine leckeren Schweinerippen. Diese Liebe zur gegrillten Rippe stammt wohl daher, dass er eine ganze Weile in den Vereinigten Staaten gelebt hat. Wenn wir zusammen aufs Boot gehen, bringe ich manchmal Garnelen und Austern mit, was Köche halt so im Repertoire haben; Robbo hat immer Schweinerippen dabei. Und wissen Sie was, immer ist es so, dass jeder Robbos Rippchen vor allem anderen den Vorzug gibt. Robbo, du bist eine Legende – danke, dass du dein Rezeptgeheimnis mit uns teilst.

2–3 kg Schälrippen (Spareribs)

240 g Lee-Kum-Kee-Sparerib-Marinade (erhältlich in Asia-Läden)

Die Rippchen voneinander trennen. Mit der Marinade in eine große Schüssel geben und etwa 20 Minuten ziehen lassen.

Den Grill anheizen, bis er eine mittlere bis hohe Hitze erreicht hat. Die Rippen 12–20 Minuten grillen, je nachdem, wie dick sie sind. Zwischendurch wenden, aber sie können ruhig an einigen Stellen ein wenig angebrutzelt sein, das sorgt für deftiges Aroma.

Garnelenbrötchen

Für 4 Personen

Auch dies ist ein fantastisch einfaches Rezept für das nächste Picknick. Man braucht nur gute Brötchen und die leckere Garnelenmischung, die man zu Hause vorbereitet und separat in der Kühlbox zum Picknick mitnimmt, damit die Brötchen nicht durchweichen. Man kann auch Krabbenfleisch oder sogar gebratenes Hähnchenfleisch nehmen.

350 g Garnelen, gegart und geschält

80 g in feine Scheiben geschnittener Staudensellerie

160 g Mayonnaise

4 EL würziges Tomaten- oder Chilirelish (oder süße Chilisauce)

1 Handvoll Estragonblätter (oder andere Kräuter wie Petersilie, Basilikum oder Schnittlauch)

Saft von ½ Zitrone

Salz

frisch gemahlener schwarzer Pfeffer

4 Brötchen

1 große Handvoll zerkleinerte Blätter vom Eisbergsalat

Garnelen, Sellerie, Mayonnaise, Tomatensauce, Kräuter und Zitronensaft vermischen und mit Salz und Pfeffer abschmecken.

Die Brötchen in der Mitte aufschneiden, aber nicht ganz durch, und nach Geschmack mit Butter bestreichen. Kurz vor dem Essen dann einfach die Brötchen mit dem Garnelenmix und einigen Salatblättern füllen.

Vongole con Fregola (Venusmuscheln mit Pasta)

Für 4 Personen

Die Italiener auf Sardinien haben eine besondere Beziehung zum Meer und das zeigt sich besonders in Gerichten wie diesem. Die Fregola macht dieses Gericht zu etwas wirklich Außergewöhnlichem, das man unbedingt im Kreis von Familie und Freunden genießen sollte. Fregola ist eine an Couscous erinnernde sardische Pastaspezialität aus geröstetem Hartweizengrieß in der Größe von Streichholzköpfen, der beim Garen aufquillt und den vollen Geschmack der Sauce in sich aufnimmt. Mit knusprigem Brot und einem grünen Salat servieren.

125 ml natives Olivenöl extra
3 Knoblauchzehen, fein gehackt
2 EL gehackte Zwiebel
1 rote Peperoni, in feine Ringe geschnitten
800 g Venusmuscheln
40 g Fregola (in italienischen Feinkostläden)
625 g Tomaten aus der Dose, zerdrückt
12 Basilikumblätter, gezupft
310 ml Fischfond oder Wasser
Meersalz
frisch gemahlener schwarzer Pfeffer
Zeste von ½ Bio-Zitrone
1–2 EL Butter

In einer großen Kasserolle das Öl mit Knoblauch, Zwiebel und Peperoni behutsam erhitzen, bis alles Farbe annimmt. Zuerst die gewaschenen Venusmuscheln, dann die Fregola einrühren.

Tomaten, Basilikum und Fischfond dazugeben und auf niedriger Stufe garen, bis sich die Muscheln öffnen und die Pasta weich ist. Mit Meersalz und frisch gemahlenem schwarzen Pfeffer abschmecken und die Zitronenzeste dazugeben. Die Butter unterrühren und vor dem Servieren 5 Minuten ruhen lassen.

Gegrillte Jakobsmuscheln mit Sauce Vierge

Für 4 Personen

20 Jakobsmuscheln in der Schalenhälfte
Meersalz
frisch gemahlener weißer Pfeffer
1 EL natives Olivenöl extra
2 EL Kerbelblätter, zum Garnieren

SAUCE VIERGE
4 EL natives Olivenöl extra
1 EL Zitronensaft
1 TL geröstete Koriandersamen, zerdrückt
1 TL geröstete Fenchelsamen, zerdrückt
8 Basilikumblätter, in sehr feine Streifen geschnitten
2 TL fein gewürfelte Fenchelknolle
2 reife Tomaten, geschält, ohne Kerne und in Würfel geschnitten
Meersalz
frisch gemahlener schwarzer Pfeffer

Ein Rezept, das auch in einem der ersten Kochbücher aufgeführt war, das ich je gekauft habe: *Wild Food from Land and Sea,* von Marco Pierre White, dem legendären britischen Koch. Als das Buch erschien, galt er als einer der besten Köche der Welt. Die Gerichte sahen einfach toll aus und ich fand es spannend, wie er sie zubereitete. Dies hier ist eine abgewandelte Variante seines Rezepts, denn ich füge dem Dressing zusätzlich frischen Fenchel und Fenchelsamen zu. In meinen Augen passt der leicht anisartige Geschmack des Fenchels wunderbar zu den Jakobsmuscheln.

Die Jakobsmuscheln sollten vor der Verarbeitung etwa Zimmertemperatur haben, sie sollten nicht kalt sein, da sie fast roh gegessen werden. Das Muschelfleisch aus den Schalen nehmen und beiseitestellen.

Für die Sauce Vierge das Öl langsam in einem Stieltopf erhitzen. Vom Herd nehmen, den Zitronensaft, die Koriander- und Fenchelsamen hineingeben und eine Minute ziehen lassen. Dann Basilikum, Fenchel und Tomaten dazugeben und mit Salz und Pfeffer abschmecken. Beiseitestellen und, wenn verwendet, den Grill auf große Hitze vorheizen.

Das Muschelfleisch mit dem Öl vermengen und leicht mit Salz und weißem Pfeffer würzen. Nun die Muscheln auf dem Grill oder auf hoher Stufe in einer Pfanne auf jeder Seite etwa 30 Sekunden kurz anbraten, sodass sie englisch gegart sind.

Das Muschelfleisch wieder auf die Schalen verteilen und mit der Sauce Vierge und dem Kerbel anrichten.

Snapper »all'acqua pazza«

Für 4 Personen

Für Aufnahmen zur TV-Serie *FISH up* war ich in Cairns. Einmal hatten wir riesiges Anglerglück, das Highlight des Fangs war ein mir unbekannter Fisch, vor Ort als Frying-pan-snapper bekannt.

4 Frying-pan-snappers oder ein anderer Fisch mit festem weißen Fleisch (z. B. Doraden)
8 Knoblauchzehen, mit Haut angebraten und dann geschält
1 frische rote Peperoni, geröstet, gehäutet und in feine Ringe geschnitten
1 Schälchen Kirschtomaten (250 g)
20 Taggiasca-Oliven (oder andere eingelegte Oliven)
Meersalz
frisch gemahlener schwarzer Pfeffer
1,5 l Mineralwasser mit Kohlensäure
3 EL Butter
1 große Handvoll Basilikumblätter
Zitronenspalten, zum Servieren

Den Fisch auf jeder Seite dreimal tief einschneiden. Etwas Öl in einer Pfanne erhitzen und einen Fisch 3–4 Minuten goldbraun anbraten (die Fische werden nacheinander mit jeweils einem Viertel der Zutaten zubereitet). Den Fisch wenden und Knoblauch, Peperoni, Tomaten, Oliven und etwas Salz und Pfeffer in die Pfanne geben. Nach 30 Sekunden das Wasser zugießen (gerade so viel, dass der Fisch eben bedeckt ist), Butter und Basilikum zufügen und ein paar Minuten weitergaren, bis der Fisch gerade eben durch ist. Mit Zitronenspalten und der Sauce servieren.

Meine Kindheit, die ich an der sonnigen Gold Coast von Queensland verlebt habe, war einfach toll. Ich stand jeden Tag um 5.30 Uhr auf, fuhr mit dem Rad zum Strand, das Surfbrett unter dem Arm, surfte zwei Stunden, ging danach zur Schule und am Nachmittag ging das Ganze dann von vorne los. Außer am Wochenende, dann fuhr ich mit dem Rad morgens zum Strand und kam erst nach Einbruch der Dunkelheit wieder zurück (wo ist bloß dieses harte Leben hin?). Was ich, mal abgesehen von Surfen und Freiheit, an den Wochenenden am meisten mochte, waren die Steak-Sandwiches von der Kneipe am Strand. Meine Version des zeitlosen Steak-Sandwiches biete ich noch heute bei meinen Barbecues an … aber am besten schmecken sie nun einmal einfach mit den Füßen im Sand, während man den Wellen zuschaut.

Steak-Sandwich mit süßsauren Zwiebeln, Rucola und Aioli

Für 4 Personen

SÜSSSAURE ZWIEBELN
2 EL Olivenöl
1 große Zwiebel, in feine Scheiben geschnitten
2 TL Zucker
2 EL Balsamessig
Meersalz

4 Rinderfilet-Medaillons (à 85 g)
Meersalz
frisch gemahlener schwarzer Pfeffer
1 TL fein gehackter Rosmarin
4 EL natives Olivenöl extra
8 Scheiben Brot (Ciabatta ist beispielsweise gut dafür geeignet)
2 EL Aioli (Seite 40) oder Mayonnaise
1 Handvoll Rucolablätter
2 EL Tomatenchutney einer beliebigen Sorte

Für die süßsauren Zwiebeln das Öl in einem Topf erhitzen und die Zwiebel darin unter Rühren anschwitzen, bis sie beginnt, Farbe anzunehmen. Zucker und Balsamessig dazugeben und köcheln lassen, bis die Masse fast die Konsistenz von Konfitüre hat. Mit Salz abschmecken.

Den Grill anheizen, wenn er verwendet werden soll. Die Steaks leicht mit einem Fleischklopfer behandeln. Mit Salz und frisch gemahlenem Pfeffer würzen und den Rosmarin sowie einen Hauch Olivenöl darübergeben. 1–2 Minuten auf dem Grill oder in der Pfanne braten, bis die erste Seite gut gebräunt ist. Wenden und die zweite Seite halb so lang braten wie die erste Seite, dann vom Herd nehmen und 1–2 Minuten ruhen lassen, damit sich der Fleischsaft gleichmäßig verteilen kann.

Die Brotscheiben leicht mit Olivenöl einpinseln und etwa 30 Sekunden auf den Grill legen, bis die Abdrücke vom Rost zu sehen sind (oder in einer Pfanne rösten). Das Brot nicht wenden, es soll auf der Innenseite schön weich bleiben.

Vier geröstete Scheiben Brot auf der weichen Seite mit Aioli bestreichen. Rucolablätter, Tomatenchutney, Steak und Zwiebeln darauflegen. Die obere Hälfte der Sandwiches auflegen, in Frühstückspapier einwickeln und halb durchschneiden. Mit einem eiskalten Bier servieren.

Gebratener Gelbflossen-Thun mit Fenchel, Zitrone, Oliven und Petersilie

Für 4 Personen

Einer meiner ersten regelmäßigen Gäste im Hugo's war vor 13 Jahren Deborah Hutton. Seit damals sind wir gute Freunde und eine der Freuden, die meine Arbeit als Gastgeber der TV-Show *Fresh* auf Channel 9 mit sich bringt, ist, dass immer mal wieder Freunde ins Studio kommen und wir zusammen kochen. Deb war im letzten Jahr dabei mit ihrer Reihe »Stolen Recipes« – dies ist ihr umwerfendes Rezept mit Thunfisch, Zitrone, Oliven und Fenchel. Wichtig ist hierbei, dass der Salat Teil des Gerichts ist, überlegen Sie also einfach, wie Sie ihn anrichten wollen, darauf, darunter oder daneben. Der Salat passt auch gut zu jedem anderen im Ganzen gekochten Fisch.

4 Thunfisch-Steaks in Sashimi-Qualität (Gelbflossen-Thun oder Südlicher Blauflossen-Thun) à 180 g
2 große Fenchelknollen, geputzt
4 Zitronen, geschält und in Segmente zerteilt
125 g entsteinte Oliven
1 große Handvoll glatte Petersilie
1 Thai-Chilischote, fein gehackt
4 EL mit Zitrone aromatisiertes, natives Olivenöl extra und 2 EL Olivenöl zusätzlich
Meersalz und frisch gemahlener schwarzer Pfeffer

Den Grill auf sehr große Hitze vorheizen (falls verwendet). Die Thunfisch-Steaks vor dem Braten auf Zimmertemperatur erwärmen.

Das Weiße der Fenchelknolle so fein wie möglich hobeln. Fenchel, Zitrone, Oliven, Petersilie, Chilischote, Zitronen-Öl und etwas Salz und Pfeffer vermengen.

Den Thunfisch mit Öl bepinseln und auf dem Grill oder in einer Pfanne von jeder Seite etwa 1 Minute braten (die Stücke sollten außen gut angebraten und innen noch fast roh sein). Mit dem Salat servieren.

Zuckerrohr-Garnelen-Spieße (Chao Tom)

Für 4 Personen

Dieses leckere Gericht habe ich zum ersten Mal in Vietnam gegessen, und wie so oft bei Speisen vieler Länder, variiert es von Region zu Region, je nachdem was wo gerade Saison hat. Meine Lieblingsbeilage sind die herrlich frischen asiatischen Kräuter (ein Muss: vietnamesischer Koriander, Minze, Thai-Basilikum, Koriandergrün) und frisches Gemüse wie Kopfsalat, Möhren, Bohnensprossen und Gurken. Und das alles in Verbindung mit dem leckersten und leichtesten Dip, den man sich überhaupt vorstellen kann. Man kann dieses Gericht auch einfach als eine Art Frikadellen anstelle der Spieße zubereiten.

1 kg rohe Riesengarnelen, geschält, entdarmt und in Stücke geschnitten
1 EL Fischsauce
1 TL Zucker
1 Knoblauchzehe, geschält und fein gehackt
1 scharfe Chilischote, fein gehackt
1 Frühlingszwiebel, in feine Scheiben geschnitten
2 EL eiskaltes Wasser
4 Zuckerrohr-Stangen (manchmal in Dosen in Asia-Läden erhältlich, alternativ den unteren Teil vom Zitronengras)
4 EL Pflanzenöl
1 Minigurke, ohne Kerne und in Scheiben geschnitten
1 Möhre, geschält und in Streifen geschnitten
etwa 150 g Bohnensprossen, geputzt
gemischte Kräuter, beispielsweise vietnamesischer Koriander, Thai-Basilikum und Koriandergrün
Vietnamesischer Dip (rechte Seite oder Hoisin-Sauce)
Limetten-Dip (rechte Seite)
1 Kopfsalat, geputzt und in Blätter gezupft

Die Garnelen in der Küchenmaschine glatt und sämig zerkleinern. Fischsauce, Zucker, Knoblauch, Chilischote und Frühlingszwiebel dazugeben und kurz mixen. Dann das kalte Wasser zugießen. Das Zuckerrohr in 1 cm dicke Stangen schneiden.

Eine Grillplatte oder den Holzkohlengrill anheizen.

Die Hände mit Öl einreiben und die Garnelenmischung in acht gleich große Portionen aufteilen. Die Mischung um die Zuckerrohrstäbe verteilen und festdrücken, die Enden frei lassen. Die Stäbe und den Grill mit Öl einfetten und 5 Minuten goldbraun garen, dabei ab und zu umdrehen.

Das Gemüse mit den Kräutern und den Garnelenspießen zusammen mit den Dips in Schüsseln auf einer Platte anrichten, von der sich jeder selbst bedienen kann. Zum Essen die Garnelenmasse von den Zuckerrohrstäben lösen, mit Gemüse und Kräutern in ein Salatblatt wickeln und in die Sauce dippen.

Vietnamesischer Dip

125 ml Hoisin-Sauce (Asiashop)
3 EL sämige Kokoscreme (oder den dicken Rahm aus einer Dose Kokosmilch, bzw. Kokoscreme im Block)
2 EL gehackte rote Schalotten
3 EL Reisessig
2 EL gehackte geröstete Erdnüsse

Die Hoisin-Sauce, die Kokoscreme, die Schalotten und den Reisessig mit 125 ml Wasser in einen kleinen Topf geben und 8 Minuten bei mäßiger Hitze sämig einkochen lassen, bis die Sauce am Löffelrücken haftet. Abkühlen lassen, in eine Servierschüssel füllen und mit den gerösteten Erdnüssen bestreuen.

Limetten-Dip

1 scharfe rote Chilischote, grob gehackt
1 Knoblauchzehe, gehackt
1 TL Zucker
2 EL Fischsauce
Saft von 2 Limetten

Die Chilischoten und den Knoblauch im Mörser glatt zerreiben. Die restlichen Zutaten mit 3 EL Wasser unterrühren. Den Dip probieren und gegebenenfalls nachwürzen.

Der »Wow-Faktor« ist das, was am Kochen für Freunde und Familie und sogar für einen selbst am allerschönsten ist (in der Tat setze ich meine Wünsche immer ganz oben auf die Liste, wenn ich entscheide, was gekocht wird … ganz schön egoistisch, ich weiß, aber wenn ich koche, will ich eben nur das Beste). Und ich meine dabei keine Gerichte, die man nur mit speziellen Kenntnissen oder einem Praktikum in einem 3-Sterne-Restaurant zusammenbasteln kann; der Wow-Faktor hat schlicht und einfach damit zu tun, wie gut es schmeckt und wie unkompliziert es ist. Und genau das ist es, wonach ich beim Kochen zu Hause strebe: einfach und dennoch voller Aromen. Das nächste Gericht erfüllt all dies und mehr – hier spricht der Fisch wirklich für sich selbst, unterstützt nur von einem Chor einiger großartiger Zutaten. Man kann hier jeden ganzen Fisch verwenden (pro Kilo 15 Minuten Garzeit bedenken), aber ich mag besonders den Geschmack von Meerforelle oder Atlantischem Lachs. Das Fleisch zergeht auf der Zunge und Omega-3-Fettsäuren sind auch reichlich enthalten.

Gebratene Meerforelle mit Zitrone und Kräutern

Für 4 Personen

1 ganze Meerforelle à 3 kg (alternativ Lachsforelle)
1 kleiner Bund Thymian
1 kleiner Bund Oregano
8 Knoblauchzehen, halbiert
1 Zitrone, halbiert und in dicke Scheiben geschnitten
Meersalz
frisch gemahlener schwarzer Pfeffer
1½ EL Olivenöl

Den Backofen auf 190 °C (Umluft 170 °C) vorheizen. Ein großes Backblech mit Backpapier auslegen und jeweils ein Drittel des Thymians, Oreganos, Knoblauchs und der Zitrone diagonal darauf verteilen.

Den Fisch darüberlegen und mit den restlichen Kräutern, der Zitrone und dem Knoblauch füllen. Kräftig mit Salz und Pfeffer würzen. Den Fisch mit Olivenöl beträufeln und 45 Minuten im Backofen garen.

Zur Garprobe einen Metallspieß in den dicksten Teil des Fischs stechen. 10 Sekunden abwarten, dann herausziehen und an den Puls halten, um die Temperatur zu prüfen. Ist der Spieß heiß, ist der Fisch durch. Ist er nur warm, sollte der Fisch nochmals 10–15 Minuten in den Ofen, bevor man erneut prüft.

Den Fisch mit dem Kartoffel-Eier-Salat (rechte Seite) servieren. Alternativ kann man auch die Forelle zerkleinern und unter den Salat mischen.

Kartoffel-Eier-Salat mit Brunnenkresse und Apfelessig

Für 4 Personen

4 kleine Kartoffeln, geschält und in 2 cm große Würfel geschnitten
Salz
1 EL Apfelessig
3 EL natives Olivenöl extra
1 Knoblauchzehe, zerdrückt
1 TL Zucker
frisch gemahlener schwarzer Pfeffer
1 Bund Brunnenkresse, Blätter abgezupft
2 hart gekochte Eier, geschält und zerbröselt

Die Kartoffelwürfel in Salzwasser zum Kochen bringen, garen und dann abgießen.

Den Apfelessig mit Olivenöl, Knoblauch, Zucker, 1 EL Wasser und etwas Salz und Pfeffer vermischen.

Die Brunnenkresse locker mit den Kartoffelwürfeln und dem Ei vermengen und mit dem Apfelessig-Dressing anrichten.

Linguine mit Yabbies

Für 4 Personen

Ein für mich ganz besonderer Ort in Australien ist Far North Queensland. Meine Frau Astrid hat eine Weile da gelebt und wir haben dort oben ein paar sehr enge Freunde. Für einen Besuch der Salsa Bar, das erste Restaurant in Port Douglas, finden wir immer Zeit. Das Ambiente ist schön und das Essen immer wieder aufregend – es werden immer die tollen regionalen Produkte verwendet und daraus etwas ganz Außergewöhnliches gemacht. Aber wie in jedem guten Restaurant haben sie auch dort eine Spezialität des Hauses, die immer gleich bleibt (und so sollte das auch sein) ... Nämlich die Linguine mit Yabbies und die gehören eindeutig zu meinen Lieblingsgerichten. Ich mache sie zu Hause recht häufig und nehme statt der Yabbies Garnelen, Krabben, Pilze oder sogar Kirschtomaten. Ich möchte Bill (dem Eigentümer und Küchenchef der Salsa Bar) für sein Rezept danken. Sollten Sie je dort in der Nähe sein, dürfen Sie sich das nicht entgehen lassen, Sie werden nicht enttäuscht sein.

800 g Yabbies (ersatzweise Flusskrebse), tiefgekühlt
8 Knoblauchzehen, geschält und zerdrückt
2 frische rote Peperoni
125 ml natives Olivenöl extra
400 g frische Linguine
Meersalz
3 EL gehackte Petersilie
100 g Parmesan, frisch gehobelt

Die Yabbies auftauen und der Länge nach halbieren, säubern und die Innereien entfernen.

Knoblauch und Peperoni mit dem Olivenöl in einer Pfanne bei niedriger Hitze anschwitzen ohne zu bräunen. Die Yabbies hineingeben und erhitzen. Nach etwa 5 Minuten sind sie gegart. Eventuell muss man portionsweise arbeiten oder zwei Pfannen verwenden, damit die Yabbies nicht zu dicht liegen.

Die Linguine in kochendem Salzwasser bissfest garen, dabei ab und zu umrühren, damit sie nicht zusammenkleben.

Die Nudeln abgießen, mit der Petersilie zu den Yabbies geben und abschmecken. Parmesan darüberhobeln und sofort servieren.

Blutorangensorbet mit Sekt

Für 4 Personen

1 l frisch gepresster Blutorangensaft aus etwa 9 großen Orangen (oder normaler Orangensaft), abgeseiht
Minzeblätter
500 ml Sekt oder Champagner

LÄUTERZUCKER
630 g extrafeiner Zucker
1 Zimtstange
2 Sternanis
Schale von 1 Bio-Orange in Zesten

Für den Läuterzucker alle Zutaten in einen Topf mit 525 ml Wasser geben und zum Kochen bringen. Vom Herd nehmen und abkühlen lassen. Dann abseihen.

Läuterzucker und Orangensaft mischen. In eine Eismaschine geben und nach Bedienungsanleitung in 20–30 Minuten fest werden lassen.

Die Sorbetkugeln mit Minzeblättern und einem kräftigen Schuss Sekt oder Champagner angerichtet sofort servieren.

Einfach und erfrischend, so sollte ein sommerliches Dessert sein, und was könnte dem besser entsprechen als dieses hier? Bei mir gehört es fast schon zu den Grundnahrungsmitteln. Ich habe eigentlich immer eine Flasche Sekt im Kühlschrank (irgendwie scheine ich Sekt häufiger geschenkt zu bekommen als andere Dinge … da beschwere ich mich natürlich nicht). Was das Eis oder Sorbet anbelangt, kann man es selbst machen oder in der nächsten Eisdiele auch fertiges Eis kaufen. Die Geschmacksrichtungen, die für mich hier am besten passen, sind weißer Pfirsich, Blutorange, Himbeere, Erdbeere und auch Zitrone.

Schoko-Nuss-Pizza mit Banane

Für 6 Personen

Pizza zum Dessert sollte man zumindest einmal ausprobiert haben, sonst weiß man gar nicht, wie lecker das ist. Diese Pizza biete ich in Hugo's Bar Pizza und in The Pantry seit Jahren an und starre Vorgaben gibt es dafür nicht. Am besten wäre es, eine hochwertige Nuss-Nougat-Creme aus Italien zu verwenden, aber jede andere geht auch. Alternativ kann man auch Schokotrüffel verwenden. Außerdem braucht man reife Bananen und ein gutes Eis in beliebiger Geschmacksrichtung (ich mag gerne ganz traditionelles Vanilleeis, aber auch Schoko-, Bananen- oder Haselnusseis sind prima). Stattdessen könnte man sogar auch Crème fraîche oder Mascarpone verwenden.

1 Rezept Pizzateig (siehe Seite 153)
12 EL Nuss-Nougat-Creme oder 32 Schokotrüffel
3 Bananen, in Scheiben geschnitten und in Zitronensaft gewendet
6 Kugeln Vanilleeis
6 EL gehobelte Schokolade
3 EL geröstete und geschälte Haselnüsse, gehackt
Puderzucker, zum Bestäuben der Pizza

Den Backofen auf höchste Stufe vorheizen. Den Teig in sechs Teile aufteilen und auf einer leicht bemehlten Arbeitsfläche zu dünnen Pizzaböden ausrollen. Auf Backbleche verteilen und die Böden mit einer Gabel einstechen, damit sich beim Backen keine Luftblasen bilden.

Die Pizzen mit der Nuss-Nougat-Creme bestreichen. Die Bananenscheiben darüber verteilen.

Im Backofen 5–10 Minuten knusprig backen (die Schokolade darf nicht verbrennen).

Die Eiscreme daraufgeben, mit der gehobelten Schokolade und den gehackten Nüssen bestreuen und mit Puderzucker bestäuben. Sofort servieren.

Käsekuchen aus Ziegenquark mit Passionsfruchtsauce

8–10 Portionen

Dies ist ein leckerer Nachtisch, der sehr leicht zu machen ist und immer wieder bei allen sehr gut ankommt. Man kann ihn mit so ziemlich jedem Obst kombinieren, das gerade Saison hat. Ja, ich weiß, Ziegenquark hört sich nicht so an, als sei das was für ein Dessert, aber vertrauen Sie mir, dies ist der absolute Renner.

BODEN

140 g Mandeln, geröstet und abgekühlt

2 EL Sesam

70 g Butter

Öl (oder Butter) zum Einfetten der Form

400 g Sahne

300 g Ziegenquark

150 g extrafeiner Zucker

Schale und Saft von 1 Bio-Zitrone

6 Blatt Gelatine oder 6 TL Gelatinepulver

PASSIONSFRUCHTSAUCE

250 g Fruchtfleisch der Passionsfrucht

125 g Zucker

Für den Boden die Mandeln und den Sesam in der Küchenmaschine mixen. Die Butter in einer Pfanne schmelzen, bis sie beginnt braun zu werden, dann gerade genug zum Binden der Mandel-Sesam-Mischung dazugeben.

Eine 20 cm große Springform einfetten. Boden und Rand mit Backpapier auslegen und leicht einfetten. Die Mischung für den Kuchenboden in der Form verteilen, gut andrücken und im Kühlschrank fest werden lassen.

Sahne, Ziegenquark, Zucker und Zitronenschale und -saft in einem Topf vorsichtig erhitzen. Die Gelatineblätter in 250 ml kaltem Wasser 2 Minuten einweichen. Dann das Wasser gut ausdrücken und die Blätter unter Rühren in der Sahne-Quark-Mischung auflösen. Alles in eine Schüssel abseihen. Bei Verwendung von gemahlener Gelatine das Pulver in 3 EL kochendes Wasser einrühren, 1 Minute ziehen lassen und dann unter die Creme rühren.

Die Cremefüllung in die Kuchenform gießen und 4–5 Stunden in den Kühlschrank stellen.

Für die Passionsfruchtsauce das Fruchtfleisch pürieren und abseihen, um den Saft zu trennen. Den Saft abmessen und die gleiche Menge Wasser dazugeben. Den Zucker in einem Topf mit 1 cm Wasser auf mittlerer bis hoher Stufe kochen, bis er karamellisiert. Die Wasser-Saft-Mischung zugießen und sirupartig einkochen lassen, dann die Kerne der Passionsfrucht hineingeben. Leicht abkühlen lassen. Den Käsekuchen mit einem in heißes Wasser getauchten Messer in Stücke schneiden und mit der Sauce servieren.

Sago-Pudding mit gebackener Aroma-Ananas

Für 4 Personen

Meine Kinder sind immer begeistert, wenn es zum Nachtisch Sago-Pudding gibt. Ich finde das großartig, insbesondere weil ich eine besondere, thailändisch inspirierte Variante mache mit Kokoscreme, Palmzucker und Limettensaft. Für dieses relativ einfache Dessert braucht man lediglich 15 Minuten, um den Sago zu kochen, bevor man ihn mit den anderen Zutaten vermischt, und dann noch einmal mindestens 4 Stunden Kühlzeit. Bei der Auswahl der Früchte sind die Möglichkeiten fast grenzenlos: Mango, Banane, Lychees oder die damit verwandten Rambutanfrüchte, Papau und, meine persönliche erste Wahl, Ananas. Das Obst kann püriert, in Stücke geschnitten oder gezuckert und geröstet werden. Mein Vorschlag hier ist mit gebackener Ananas.

100 g Palmzucker, gehackt
1 Sternanis
130 g Sago
3 EL sämige Kokoscreme (oder den dicken Rahm aus einer Dose Kokosmilch, bzw. Kokoscreme im Block)
2 Beutel Vanillezucker oder das herausgeschabte Mark einer Vanilleschote
Salz
2 EL Kokosraspel, geröstet

LÄUTERZUCKER/ZUCKERSIRUP
200 g Zucker
200 ml Wasser

GEBACKENE AROMA-ANANAS
170 ml Läuterzucker (siehe oben)
1 TL fein geriebener Ingwer
200 g Ananas, in Würfel geschnitten

Für den Läuterzucker in einem Topf bei mittlerer Hitze den Zucker im Wasser auflösen.

Für die gebackene Ananas den Läuterzucker mit dem Ingwer in einem Topf zum Köcheln bringen, dann die Ananas dazugeben und 1 Minute garen. Die Flüssigkeit durch ein Sieb abgießen und auffangen. Zurück in den Topf geben und leise köchelnd eindicken lassen. Den Backofen auf 180 °C (Umluft 160 °C) vorheizen. Die Ananasstücke auf ein Blech legen und 20–25 Minuten backen, bis sie anfangen zu karamellisieren.

125 ml Wasser in einem Topf zum Kochen bringen. Den Palmzucker zugeben und kochen, bis er sich auflöst. Den Sternanis dazugeben und alles 5–7 Minuten auf mittlerer Stufe kochen, bis der Sirup eingekocht ist.

In einem großen Topf Wasser zum Kochen bringen und den Sago einstreuen. Dabei gut rühren, damit nichts klumpt. 15 Minuten köcheln lassen, bis der Sago gerade durchsichtig ist. Durch ein Sieb abgießen und unter kaltem Wasser abspülen.

Den Sago in eine Schüssel geben und mit der Palmzuckermischung, der Kokoscreme, der Vanille und einer Prise Salz verrühren. Die Mischung auf Puddingförmchen verteilen und 2–4 Stunden kalt stellen.

Die Puddinge auf Teller stürzen und mit der Ananas, dem Sirup und den gerösteten Kokosraspeln servieren.

Gin-Punsch

Für 4 Personen

Punsch ist bekannt seit dem 17. Jahrhundert, als dieses Getränk in den britischen Kolonien rasch zum Lieblingsgetränk der Engländer wurde. In der ursprünglichen Version enthielt es Gewürze, Zitrusfrüchte und Alkohol. Mit der Zeit hat sich dies zu tropischeren Varianten weiterentwickelt und zu Hause fand man schnell heraus, dass sich darin wunderbar alles Mögliche verarbeiten lässt – Obst, Gewürze, Kräuter und Alkohol mit den bewährten Zitrusfrüchten zum Abschluss.

180 ml Gin

60 ml Pfirsichlikör

360 ml Pink-Grapefruitsaft

3 EL Fruchtfleisch der Passionsfrucht

1 EL frisch gepresster Limettensaft

120 ml Prosecco oder anderer Sekt

1 rosa Grapefruit, in Scheiben geschnitten

Gin, Pfirsichlikör, Grapefruitsaft, Fruchtfleisch der Passionsfrucht, Limettensaft und Prosecco in einer Kanne mischen.

Vor dem Servieren Eis in Gläser füllen, den Punsch darübergießen und mit Grapefruitscheiben garnieren.

Himbeer-Martini

Für 4 Drinks

Ein toller Drink nach dem Essen, vielleicht kombiniert mit Mousse au Chocolat oder auch einfach so: Stellen Sie die Musik laut und tanzen Sie durchs Haus – aber Achtung, Himbeeren hinterlassen Flecken auf dem hellen Sofa.

180 ml Plymouth Gin (ein besonders weicher Gin)
60 ml Himbeerpüree (siehe unten)
40 ml Himbeersirup (siehe unten)
60 ml Zitronensaft
40 ml frischer Saft aus jungen Kokosnüssen
1 EL Eiweiß

HIMBEERPÜREE UND HIMBEERSIRUP
100 g Zucker
100 ml Wasser
40 frische Himbeeren

Für das Himbeerpüree und den -sirup den Zucker in einem Topf bei mittlerer Hitze im Wasser auflösen. Dann die Himbeeren hineingeben und unter häufigem Rühren köcheln, bis die Früchte zerfallen sind und der Sirup angenehm duftet. Die Flüssigkeit durch ein Sieb abgießen und den Sirup auffangen. Die Früchte in der Küchenmaschine pürieren.

Für die Martinis den Gin, das Himbeerpüree, den Himbeersirup, den Zitronensaft, den Kokosnusssaft und das Eiweiß in einen Cocktailshaker geben. Mit Eis auffüllen und gut schütteln. Sorgfältig in gekühlte Martinigläser abgießen und servieren.

Pimm's Cooler

Für 4 Drinks

Pimm's ist eigentlich ein Likör auf der Basis von in London Dry Gin eingelegten Kräutern und Gewürzen. Verwendet in einem Mixgetränk lassen sich die kräftigen Gewürznoten gut abrunden durch Fruchtaromen wie Apfel, Birne oder sogar Ginger Ale. Pimm's kann man gut in einer größeren Menge für eine Party vorbereiten und ziehen lassen, bis die Gäste eintreffen.

8 Orangenspalten
1 Apfel, in Scheiben geschnitten
125 ml Pimm's
125 ml Gin
250 ml hausgemachte Limonade (siehe unten)
500 ml Mineralwasser mit Kohlensäure
12 Gurkenscheiben
16 Minzeblätter
Erdbeeren und Heidelbeeren

HAUSGEMACHTE LIMONADE
350 g Zucker
500 ml Zitronensaft

Orange und Apfel in einen Krug geben und Pimm's sowie Gin zugießen. 2 Stunden im Kühlschrank kalt stellen. Für die Limonade in einem Topf auf niedriger Stufe den Zucker in dem Zitronensaft und 250 ml Wasser unter Rühren auflösen. Abkühlen lassen. Die Limonade und das Mineralwasser nach Geschmack dazugießen. Longdrinkgläser mit Eis füllen, den Cocktail darübergießen und Gurke, Minze und Beeren dazugeben.

Mojito

Für 4 Drinks

2 EL Limettensaft
8 Limettenspalten
40 g Zucker
24 Minzeblätter und 4 Stängel Minze
250 ml Havana Club weißer Rum
80 ml Soda
zerstoßenes Eis

Limettensaft und -spalten mit Zucker und Minzeblättern in einen Mixbecher geben und mit einem Stößel oder Holzlöffel leicht quetschen. Rum zugießen, mit Soda auffüllen und mit zerstoßenem Eis auffüllen. In Gläser gießen, rühren und mit einem Stängel Minze garnieren.

Pfirsich-Guava-Bellini

Für 4 Drinks

60 ml weißes Pfirsichpüree
60 ml Guavensaft
1 EL Pfirsichlikör
400 ml Prosecco

Alle Zutaten in einer großen Kanne vermischen und zum Servieren in schöne Gläser gießen.

Der Bellini wurde kreiert von Giuseppe Cipriani in der legendären Harry's Bar in Venedig. Bis heute werden dort Tag für Tag Unmengen von Bellinis gemixt, natürlich mit dem aus Venetien stammenden Prosecco, dies aber ist ein einfaches Rezept für den Barmixer zu Hause, das auch mit anderem Sekt zubereitet werden kann. Einfach pro Glas 30 ml Nektar oder Püree einer beliebigen, gut reifen Frucht mit 100 ml Prosecco oder eben Sekt aufgießen.

Drinnen

Der Croque Monsieur besteht aus zwei mit Kochschinken und Käse gefüllen Toastscheiben, die außerdem noch mit Käse überbacken werden, und ist in Frankreich eine typische kleine Zwischenmahlzeit zu einer Tasse Kaffee. Jeder hat seine eigene Methode der Zubereitung – einige belegen den gebackenen Toast mit einem Spiegelei, andere mögen ihn mit einer Senf-Béchamelsauce. Ich bevorzuge die einfache Variante, mit bestem Kochschinken, Gruyère, einem Hauch Senf und reichlich Butter. Man sollte Croque nicht jeden Tag essen, aber ab und an schmeckt er einfach richtig gut.

Croque Monsieur

4 Portionen

8 Scheiben weißes Toastbrot
Butter
2 EL Dijonsenf (oder ihr Lieblingssenf)
100 g sehr feine Scheiben Kochschinken
100 g Gruyère-Käse, gehobelt
8 Basilikumblätter gehackt

Den Backofen auf 180 °C (Umluft 160 °C) vorheizen. Beide Brotseiten mit Butter bestreichen. Eine Seite jeweils mit Senf bestreichen, dann den Schinken und den Käse darauflegen. Das Basilikum darüberstreuen und mit Pfeffer und Salz würzen. Die zweite Toastscheibe wie bei einem Sandwich darüberlegen.

Eine Pfanne auf mittlerer Stufe erhitzen und die Sandwiches auf beiden Seiten goldbraun braten. In den Backofen stellen, damit der Käse schmelzen kann, während die restlichen Sandwiches gebraten werden. Halbieren und genießen.

Shakshuka-Eier

4 Portionen

2 lange rote, mittelscharfe Chilischoten
4 große Strauchtomaten, in große Stücke geschnitten
3 Knoblauchzehen, gehackt
2 EL edelsüßer Paprika
3 EL Olivenöl
Salz und frisch gemahlener schwarzer Pfeffer
4 große Eier
1 große Handvoll Koriander oder Petersilie, nur die Blätter, klein gezupft
4 dicke Scheiben Sauerteigbrot, getoastet

Die Chilischoten unter dem Backofengrill oder über einer Flamme grillen, bis sie schwarz sind und Blasen werfen. In eine Plastiktüte legen oder mit einem Geschirrtuch abdecken und abkühlen lassen, damit die Haut sich löst. Die verkohlte Haut abziehen und die Samen herausschaben. Die Chilischoten in 1 cm dicke Streifen schneiden.

Die Tomaten, den Knoblauch, das Paprikapulver, das Olivenöl und etwas Salz in einer Pfanne erhitzen. Abdecken und 10 Minuten köcheln lassen, bis die Tomaten weich sind. Den Deckel abnehmen und die Chilischoten einrühren. Nochmals 8–10 Mi-nuten köcheln lassen, bis der gesamte Saft vollständig verdunstet ist und die Sauce ziemlich dickflüssig ist. Die Sauce an den Rand schieben, damit Platz für die Eier bleibt.

Die Eier in die Pfanne schlagen, mit dem Koriander oder der Petersilie bestreuen und mit schwarzem Pfeffer würzen. Abdecken und 3–4 Minuten garen, bis die Eier nach Ihrem Geschmack sind. Auf getoastetem Sauerteigbrot servieren.

Eine der wunderbaren Begleiterscheinungen meiner Arbeit als Chefkoch im Fernsehen ist die Tatsache, dass ich in den letzten Jahren mehr über Essen gelernt habe als in meiner Zeit als Koch in der Ausbildung. Als Lehrling verbringt man ein bis vier Jahre irgendwo in einem Restaurant und arbeitet in allen Bereichen, bis man genügend Kenntnisse erlangt hat. Jetzt, mit meiner zweiten Karriere sozusagen, liegt unser Hauptaugenmerk darauf, die Menschen über die breite Palette von Gerichten zu informieren, die es auf der Welt gibt. Wenn ich also ein Rezept wie dieses hier finde, von dem ich vorher noch nie gehört habe, bin ich einfach überwältigt. Michelle, eine der Mitarbeiterinnen der Sendung, hat sich dieses israelische Frühstück ausgesucht. Wenn Sie möchten, können Sie es mit etwas gegrilltem Halloumi oder gebratenen Merguez aufpeppen.

Schokoladenwaffeln

Für 4 Personen

1 TL Trockenhefe
4 EL lauwarmes Wasser
1½ EL Zucker
250 g Weizenmehl Type 405
3 Eier
½ Tüte Vanillezucker
220 g Hagelzucker
etwas Salz
250 g weiche Butter
Puderzucker zum Bestäuben
200 g Vollmilch-Kuvertüre (sehr gut ist die von Callebaut)

Die Hefe, das Wasser und den Zucker vermischen, dann die Hefe 10 Minuten gehen lassen.

Das Mehl in eine große Schüssel geben und in der Mitte eine Mulde formen. Die Hefemischung in die Mulde geben und behutsam mit dem Mehl vermengen, dann nacheinander einzeln die Eier zugeben, schließlich den Vanillezucker, den Hagelzucker und eine Prise Salz hinzufügen. Die Butter etwa 5 Minuten lang sorgfältig einkneten. Der Teig sollte feucht, aber nicht klebrig sein. Gegebenenfalls noch etwas Wasser oder Mehl zugeben.

Den Teig in pflaumengroße Stücke teilen. Etwa 15 Minuten gehen lassen.

Ein Waffeleisen auf 200 °C erhitzen. Jede Waffel etwa 2 Minuten backen und mit Puderzucker bestäuben.

In der Zwischenzeit die Schokolade im Wasserbad unter ständigem Rühren schmelzen und über die Waffeln gießen.

Huevos rancheros (Spiegeleier nach Rancher-Art)

Für 4 Personen

Dieses Gericht habe ich vor etwa zehn Jahren mit Leela kreiert, einer meiner Chefköchinnen im Hugo's. Mit Leela, die aus den USA kommt, habe ich in der Frühstücksschicht zusammen gearbeitet (meine liebste Zeit in der Woche – organisiertes Chaos). Sie schlug vor, Huevos rancheros auf die Speisekarte zu setzen, und ich antwortete »que?«. Geduldig erklärte sie mir, dass es sich um ein außerordentlich berühmtes mexikanisches Frühstücksgericht handelt (es bedeutet »Spiegeleier nach Rancher-Art«) und im Laufe der darauffolgenden Woche haben wir es dann so entwickelt, wie es heute ist. Im Bondi war es zur Frühstückszeit unser Bestseller und der, dem es nicht schmeckt, muss mir erst noch begegnen. Danke Leela; Du bist ein Ass! Wer es gerne scharf mag, träufelt etwas grüne Tabascosauce darüber.

2 EL Pflanzenöl
4 Maistortillas oder Enchilada-Tortillas
4 Eier
8 EL Refried Beans (zweifach gegarte Bohnen) oder mexikanische Bohnen
8 EL mexikanische Salsa (Ihre Lieblingsmarke)
Meersalz
frisch gemahlener schwarzer Pfeffer
1 EL gehacktes Koriandergrün
60 g Cheddarkäse, gerieben
1 Avocado, in Scheiben geschnitten
4 EL Sauerrahm
4 Korianderzweige
1 Limette, geviertelt
12 Jalapeño-Paprika (nach Belieben)

Den Grill oder Backofen auf 180 °C vorheizen. Das Öl in einer Pfanne erhitzen und die Tortillas auf beiden Seiten backen, bis sie beginnen zu bräunen, dann auf ein Backblech legen.

Die Spiegeleier braten, bis das Eiweiß gestockt, das Eigelb aber noch flüssig ist.

Jede Tortilla mit 2 EL Bohnen bestreichen. Darauf die Salsa geben, dann ein Spiegelei auf die Salsa legen und mit Salz und Pfeffer würzen. Mit Koriander und Käse bestreuen.

Grillen oder im Backofen backen, bis der Käse geschmolzen ist, dann auf Teller verteilen. Auf jeden Teller Avocadoscheiben und einen Löffel Sauerrahm geben. Mit den Korianderzweigen garnieren und mit Limettenspalten und Jalapeños servieren.

Spargel mit pochiertem Ei, nussbrauner Butter und Trüffel-Pecorino

Für 4 Personen

Dies ist ein ausgesprochen eindrucksvolles Gericht, das im Handumdrehen fertig ist. Es eignet sich ebenfalls sehr gut, wenn Sie einen Vegetarier zum Essen eingeladen haben und dann absolut nicht wissen, was sie kochen sollen. Wenn man das pochierte Ei öffnet, fließt das Eigelb heraus und vermischt sich mit der nussbraunen Buttersauce, und genaus das ist das Tolle an diesem Gericht. Frisch gehobelter erstklassiger Parmesan oder Trüffel-Pecorino sind ein Muss für dieses Gericht. Zusätzlich etwas Trüffelöl oder gehobelter Trüffel machen es zu etwas ganz Besonderem. Soll es noch eindrucksvoller werden, ersetzen Sie die pochierten Eier durch Eigelb-Ravioli: Einfach ein Eigelb zwischen zwei Wan-Tan-Blätter oder andere dünne Teigblätter legen und 45 Sekunden in kochendem Salzwasser garen.

2 Bund grüner Spargel
Salz
4 Eier
1 EL Weißweinessig
2 EL Butter
1 TL zerdrückter Knoblauch
2 TL gehackte Petersilie
1 Spritzer Zitronensaft
frisch gemahlener schwarzer Pfeffer
zerkrümelter Pecorino-Käse oder gehobelter Parmesan

Den Spargel in Salzwasser garen, bis er gerade weich ist, dann abgießen. Die Eier in gerade eben köchelndem Wasser mit dem Weißweinessig pochieren.

Die Butter in einer Pfanne erhitzen, bis sie beginnt zu bräunen. Den Knoblauch, die Petersilie, den Spargel, den Zitronensaft und etwas Salz und Pfeffer zugeben.

Den Spargel auf Tellern anrichten und je ein pochiertes Ei auf den Spargel legen. Etwas Sauce auf den Tellerrand und über die Eier träufeln, dann mit Pecorino bestreuen.

Weich gekochte Eier mit Lachskaviar

Für 4 Personen

Ich mag Lachskavier eigentlich mit allem gern, aber am besten schmeckt er mir mit frischen Eiern, entweder gekocht, wie in diesem Rezept, oder mit Rührei. Ich war vor einigen Jahren in der glücklichen Lage, bei der Gewinnung von Lachsrogen dabei zu sein. Lachse sind etwa zwei Wochen im Jahr bereit, ihren Laich abzulegen, und das war erstaunlich zu beobachten. Der Lachs wird in ein Bad mit Nelkenöl gesetzt, um ihn zu betäuben. Dann wird er schnell wieder aus dem Wasser genommen und der Rogen wird behutsam aus dem Fisch gedrückt. Sofort danach setzt man ihn zurück ins Wasser. Der Kaviar wird dann schockgefroren und im Laufe des Jahres nach Bedarf wieder aufgetaut.

8 Eier
Meersalz
frisch gemahlener schwarzer Pfeffer
4 TL Lachskaviar (oder anderer Kaviar, nach Belieben)
8 Scheiben Brioche oder Sauerteigbrot, geröstet

Die Eier in einen Topf mit leicht gesalzenem Wasser geben und zum Kochen bringen. Die Hitze reduzieren und 3–4 Minuten köcheln lassen, dann herausnehmen. Die Spitze der Eier abschlagen und leicht mit Salz und Pfeffer würzen. Mit einem Löffel einen Teelöffel Lachsrogen in jedes Ei geben. Mit getoastetem Brioche oder Sauerteigbrot servieren.

Kürbissuppe ist ohne Frage meine Lieblingssuppe für den Winter, und zum Glück mögen meine Kinder sie auch sehr gern. Diese Thai-Kürbisssuppe ist geradezu ein Feuerwerk all jener herrlicher Aromen für die die thailändische Küche so berühmt ist ... Limette, Ingwer, Chili, Kaffernlimette und Koriander. Sie ist sehr lecker und einfach zuzubereiten. Zum Schluss können Sie für einen wirklich scharfen Kick sogar einige Chiliflocken darüberstreuen.

Thai-Kürbissuppe mit Kokoscreme

Für 4 Personen

1 EL Öl
1 Zwiebel, gewürfelt
1 Stängel Zitronengras, nur der weiße Teil, in feine Scheiben geschnitten
1 rote Peperoni, fein gewürfelt
1 EL Ingwer, in Juliennestreifen geschnitten
1 Kaffernlimettenblatt, in Juliennestreifen geschnitten
1 Bund Koriandergrün, Stiele und Wurzeln fein gehackt, Blätter aufbewahrt
3 Knoblauchzehen, fein gehackt
1 Kürbis (à 1 kg), geschält und in Würfel geschnitten
270 ml Kokoscreme
270 ml Kokosmilch
500 ml Gemüsebrühe
Schale von 1 Bio-Orange
Meersalz
frisch gemahlener schwarzer Pfeffer
Chiliflocken

Das Öl in einem Topf auf mittlerer Stufe erhitzen und die Zwiebel, das Zitronengras, die Peperoni, den Ingwer, das Kaffernlimettenblatt, die Korianderstiele und -wurzeln und den Knoblauch hinzufügen. Anbraten, bis es beginnt zu duften, ohne zu bräunen. Den Kürbis, die Hälfte der Kokoscreme, die Kokosmilch, die Gemüsebrühe und die Orangenschale zufügen.

Etwa 30 Minuten garen, bis der Kürbis weich ist. In einer Küchenmaschine pürieren und durch ein Sieb streichen, falls die Suppe sehr glatt sein soll.

Mit Salz und zerstoßenem weißen Pfeffer würzen, die Korianderblätter und den Rest der Kokoscreme unterheben, mit Chiliflocken bestreuen und servieren.

Dies ist für mich ein Gericht für besondere Anlässe, ein Klassiker, der die Zeit überdauert hat und vielleicht *das* Rezept für Innereien, das den meisten Leuten schmeckt. Es gibt unterschiedliche Arten der Zubereitung für Pâté oder Parfait. Für eine Pâté wird die Leber in einem Topf gekocht, püriert und mit Butter verfeinert, während bei einem Parfait die rohen Zutaten zuerst zusammen püriert und dann langsam in einer Metallform im Wasserbad pochiert werden. Ich habe mich für ein Pâterezept entschieden, weil ich gern sichergehe, dass die Leber nicht verkocht, und, noch entscheidender, weil ich den berauschenden Duft liebe, der beim Kochen die Küche füllt. Sie können Pâté mit jeder Art von Brot servieren – frischem, knusprigem Weißbrot, in Stücke gebrochen, oder getoastetem Sauerteigbrot – mein absoluter Favorit aber sind buttrig warme, herrlich getoastete Briochescheiben, die auf der Zunge zergehen.

Entenleber-Pâté mit getoasteter Brioche

Ausreichend für 1 Brotlaib

50 g Butterschmalz zum Braten der Leber
500 g Entenleber (2 Stunden in 200 ml Milch eingeweicht und abgetropft)
3 Knoblauchzehen, fein gehackt
2 Schalotten, fein gehackt
1½ EL Thymian, gehackt
60 ml Weinbrand
60 ml Portwein
60 ml Madeira
1½ EL Dijonsenf
325 g Butter, zimmerwarm
Meersalz und frisch gemahlener schwarzer Pfeffer
1 Eigelb von 1 frischen Bio-Ei

Etwas vom Butterschmalz in einer Pfanne auf mittlerer Stufe schmelzen und die Leber portionsweise kurz an-, nicht durchbraten. Aus der Pfanne nehmen.

Den Knoblauch, die Schalotten und den Thymian in die Pfanne geben und kurz anbraten, dann den Alkohol zugießen und anzünden, um alles zu einer honigartigen Konsistenz zu reduzieren. In einen Mixer füllen und glatt pürieren. Die Leber und den Senf hinzugeben und glatt pürieren. Nach und nach die Butter hinzufügen und mit Salz und Pfeffer abschmecken. Das Eigelb zugeben, erneut glatt pürieren und dann alles durch ein Sieb streichen. In mit Frischhaltefolie ausgelegte Auflaufförmchen oder eine Terrine füllen und 4 Stunden oder über Nacht im Kühlschrank ruhen lassen. Die Pâté mit Brioche und Zutaten wie Cornichons, eingelegten Zwiebeln, Sauerkirschen, süßsauren Zwiebeln (Seite 144) servieren.

Brioche

500 g Weizenmehl Type 550
2 TL Salz
1 EL Zucker
6 große Eier
22 g frische Hefe
60 g Butter, gewürfelt und zimmerwarm
1 Ei, extragroß, leicht geschlagen, zum Glasieren

Das Mehl, das Salz und den Zucker in eine Rührschüssel geben. Mit den Knethaken eines Handmixers auf kleiner Stufe die Eier einzeln nacheinander unterrühren. Die Hefe hinzugeben und erneut 2–3 Minuten kneten. Die Butter stückweise zugeben und weitere 8 Minuten kneten. Der Teig sollte glatt und elastisch sein. In eine große, mit Öl ausgepinselte Schüssel legen, mit Frischhaltefolie abdecken und über Nacht in den Kühlschrank stellen.

Dann den Teig auf eine leicht mit Mehl bestäubte Arbeitsfläche legen. In zwei Portionen teilen, formen und auf geölte Backbleche oder in zwei eingefettete Kastenformen geben und zur doppelten Menge aufgehen lassen. Den Backofen auf 180 °C (Umluft 160 °C) vorheizen. Die Oberseite mit Ei bestreichen und in 20–30 Minuten goldgelb backen.

Stracciatella-Suppe mit Cavolo nero und Lardo

Für 4 Personen

Stracciatella ist eine klassische römische Einlaufsuppe mit Eiern, die locker übersetzt »kleine Fetzen« bedeutet (weil die Eier und der Parmesan wie Fetzen aussehen, wenn man sie mit der heißen Brühe verquirlt). Ich habe mir die Freiheit genommen, das Ganze in der Konsistenz ein wenig mit Cavolo nero und im Geschmack mit Lardo aufzupeppen. Wenn Sie aus diesem Gericht eine vollständige Mahlzeit zaubern möchten, reichen Sie einfach Reisnudeln und gebratene Hähnchenstreifen dazu.

1 l Hühnerbrühe
100 g Cavolo nero (italienischer Schwarzkohl) oder Spinat, geputzt
4 Eier
75 g Parmesan, frisch gerieben
2 EL Zitronensaft
4 EL gehackte Petersilie
Meersalz
frisch gemahlener schwarzer Pfeffer
12 feine Scheiben Lardo (italienischer fetter, gewürzter Speck), nach Belieben, oder hochwertiges Olivenöl zum Beträufeln

Die Hühnerbrühe in einem Topf zum Kochen bringen. Den Cavolo nero 30 Sekunden in der Brühe blanchieren, dann herausnehmen und grob hacken.

Die Eier, den Parmesan, den Zitronensaft und die Petersilie mit einer Gabel verquirlen. In die Brühe gießen und 1 Minute umrühren, dann den Cavolo nero hinzugeben und mit Salz und Pfeffer würzen. Mit den Lardoscheiben garniert oder mit Olivenöl beträufelt servieren.

Steak tartare

Für 4 Personen

2 EL Dijonsenf
4 Sardellenfilets, fein gehackt
2 EL Tomatensauce (Ketchup)
1 EL Worcestersauce
Tabasco nach Geschmack
frisch zerstoßener schwarzer Pfeffer
3 EL natives Olivenöl extra
1½ EL Cognac (nach Belieben)
4 EL fein gehackte rote Zwiebel
60 g Kapern, abgespült
60 g Cornichons, fein gehackt
1 kleine Handvoll Petersilie, fein gehackt
Meersalz
400 g Beefsteakhack vom Metzger
4 Eigelb von frischen Bio-Eiern
Pommes frites oder getoastetes Brot, zum Servieren

Den Senf und die Sardellen in einer Edelstahlschüssel mischen. Die Tomatensauce, die Worcestersauce, Tabasco und etwas Pfeffer hinzugeben und gut vermischen. Langsam das Öl und dann den Cognac zugeben und mit dem Schneebesen verquirlen. Die Zwiebel, die Kapern, die Cornichons, die Petersilie und etwas Salz unterheben.

Das Fleisch in die Schüssel geben und alles mit einer Gabel oder mit den Händen gut vermengen. Das Fleisch mit Hilfe von runden kleinen Backformen zu schönen Kreisen formen und auf Tellern servieren. Mit einem Löffel eine Mulde in die Mitte des Fleischs drücken und mit einem Eigelb füllen. Meersalz und zerstoßenen Pfeffer darüberstreuen. Mit Pommes oder getoastetem Brot servieren

Wenn ich an meine Reisen durch Frankreich zurückdenke, erinnere ich mich am besten an das Essen ... herrliche Gerichte wie Ente, Gänsestopfleber, Pâté, Soufflés. Das einfache und würzige Steak tartare war für mich jedoch der absolute Star. Die Menge, die dort serviert wurde, reichte allerdings aus, einen erwachsenen Mann tief Luft holen zu lassen. Ich habe in meinem ganzen Leben nicht so viel rohes Rindfleisch auf einem Teller gesehen und schon gar nicht auf meinem eigenen. Manchmal reichten sie es mit Pommes frites, und das ist wirklich eine leckere Kombination. Zu Hause bringe ich es gern als kleine Vorspeise auf den Tisch, sodass meine Gäste nach dem letzten Bissen weiteressen können. Ich habe hier die traditionelle französische Zubereitung aufgeschrieben, weil ich finde, einen solchen Klassiker muss man nicht verändern. Sollten Sie aber eher experimentierfreudig sein, etwas untergemischte Trüffelpaste oder Öl verleihen diesem Favoriten eine andere Dimension.

Risottosuppe mit Wildpilzen

Für 4 Personen

An Rezepten wie diesem mag ich vor allem, dass sie schnell und einfach für viele Leute zuzubereiten sind und dass man sie nicht einfach so runterschlingen kann. Dies ist ein sehr flüssiges Risotto, das man mehr wie eine Suppe als ein Reisgericht essen sollte. Es ist besonders im Herbst angesagt, wenn Wildpilze wie Matsutake (Krokodilritterlinge) oder Butterröhrlinge Saison haben.

160 ml Kalbsfond
160 g Arborio-Reis
800 ml Hühner- oder Gemüsebrühe oder Wasser
2 EL Olivenöl
Meersalz
frisch gemahlener schwarzer Pfeffer
250 g verschiedene Pilze, z.B. Matsutake, Steinpilze, Enokitake, Zuchtchampignons, Shiitake, klein geschnitten
2 Knoblauchzehen, gehackt
2 EL gehackte Petersilie
1 EL Zitronensaft
Parmesan, frisch gerieben

Die Kalbsbrühe in einem Topf auf mittlerer Stufe erhitzen und um die Hälfte reduzieren.

Den Reis unter fließendem kalten Wasser waschen, um die Stärke abzuspülen. In einen Topf geben, die Hühner- oder Gemüsebrühe zugießen und zum Köcheln bringen. Etwa 20 Minuten köcheln lassen, bis der Reis gar ist, mit Salz und Pfeffer abschmecken und gegebenenfalls noch mehr Brühe oder Wasser zugießen.

Inzwischen das Öl in einer Pfanne erhitzen und die Pilze goldbraun braten. Den Knoblauch und die Petersilie hinzugeben, 30 Sekunden garen, dann den Zitronensaft zugießen.

Die Hälfte der Pilze in die Suppe geben, in Schalen schöpfen und mit den restlichen Pilzen garnieren. Mit einem Löffel etwas Kalbsbrühe über die Suppe geben und mit geriebenem Parmesan bestreut servieren.

Garnelen mit der guten alten Cocktailsauce

Für 4–6 Personen

Garnelen sind für mich das Nonplusultra. Ich denke mal, ich könnte problemlos ein ganzes Buch über Garnelen schreiben. Gegrillte Garnelen, panierte Garnelen, in Teig gebackene Garnelen, gedünstete Garnelen, in der Pfanne gebratene Garnelen, rohe Garnelen auf Sashimi-Art, Garnelen-Curry, Garnelen-Cocktails, Garnelen-Sandwiches, Garnelen ... wissen Sie, was ich meine? Die Garnele ist wohl die vielseitigste aller Meeresfrüchte, die alle am liebsten mögen. Wir wollen hier mit einer einfachen Zubereitungsart beginnen — das sind die, die jeder im Fischgeschäft kauft — gekochte Garnelen. Auf den Fischkuttern gib es Kessel, in denen die Garnelen sofort nach dem Fang gekocht werden, danach werden sie schockgefroren, damit sie frisch bleiben. Ich finde allerdings, Garnelen verlieren an Aroma, wenn man sie kocht, deshalb dünste ich sie lieber. Sie können sie mit etwas frischer Zitrone servieren, aber mir schmecken sie mit einer guten alten Cocktailsauce viel besser.

1,5 kg rohe Riesengarnelen mit Schale
1 Ei
1 Spritzer Tabasco
1 EL Dijonsenf
2 EL Worcestersauce
4 EL Tomatensauce (Ketchup)
1–2 EL Meersalz
Saft von 1 Zitrone
400 ml Traubenkernöl

Die Garnelen im Dämpfeinsatz über kochendem Wasser 4–7 Minuten (je nach Größe) garen, bis sie rosafarben sind und sich fest anfühlen. Panzer und Darm entfernen und in eine Schüssel geben. Mit Frischhaltefolie abdecken und bis zum Servieren in den Kühlschrank stellen.

Inzwischen das Ei, den Tabasco, den Senf, die Worcestersauce und die Tomatensauce, das Salz und den Zitronensaft vermischen. Mit einem Stabmixer verrühren, dann langsam das Öl zugießen. Würzen und mit den kalten Garnelen servieren. Saucenreste kann man in einem Schraubglas im Kühlschrank aufbewahren.

Jakobsmuscheln mit Ingwer und Frühlingszwiebeln

Für 4 Personen

Jakobsmuscheln sind eine meiner Leibspeisen und dieses klassische Rezept trifft immer den richtigen Ton. Es hat viel Aroma, übertönt die Jakobsmuscheln aber nicht und ist sehr leicht. Dieses Gericht passt sehr gut als Vorspeise oder auf eine Partyplatte. Sie können statt der Muscheln auch Austern nehmen oder mal über die Stränge schlagen und beides servieren.

16 Jakobsmuscheln in halber Schale
1 Ingwerwurzel, in Juliennestreifen geschnitten
2 Frühlingszwiebeln, sehr klein geschnitten (die weißen und grünen Teile getrennt lassen)
frisch gemahlener weißer Pfeffer
125 ml Mirin oder Shaoxing (Reisweine)
3 EL helle Sojasauce
2 EL Reisweinessig
2 TL Zucker
3 EL Erdnuss- oder Traubenkernöl

Die Jakobsmuscheln mit dem Ingwer und dem weißen Teil der Frühlingszwiebeln und etwas weißem Pfeffer einige Minuten in einem Dämpfeinsatz dämpfen.

In einem Topf den Mirin, die Sojasauce, den Essig und den Zucker auf mittlerer Stufe unter Rühren erhitzen, bis sich der Zucker auflöst.

Das Öl in einem Topf erhitzen, bis es raucht. Die Jakobsmuscheln auf einer Servierplatte anrichten und das Öl darüberträufeln. Das Dressing darübergeben und mit dem grünen Teil der Frühlingszwiebeln garnieren.

Frittierte Austern mit süßsauren Zwiebeln

Für 4 Personen

ARME-LEUTE-PARMESAN-AIOLI
2 EL frische Semmelbrösel
1 Sardelle, abgetropft und gehackt
1 EL gehackte glatte Petersilie
1 EL Olivenöl
4 EL Aioli (Seite 40)

SÜSSSAURE ZWIEBELN
2 EL Olivenöl
1 große Zwiebel, in feine Ringe geschnitten
2 EL Zucker
2 EL Balsamessig
Meersalz

500 ml Erdnussöl
24 Austern
Weizenmehl zum Bestäuben
½ Portion Tempurateig (rechte Seite)

Für das Arme-Leute-Parmesan-Aioli den Backofen auf 150 °C (Umluft 130 °C) vorheizen. Die Semmelbrösel, die Sardelle, die Petersilie und das Olivenöl vermischen, auf ein zuvor mit Backpapier ausgelegtes Backblech streichen und 10 Minuten im Backofen trocknen. Die Mischung in einem Mörser grob zerreiben. Mit dem Aioli vermischen.

Für die süßsauren Zwiebeln das Öl in einem Topf erhitzen und die Zwiebel gerade goldgelb anschwitzen. Den Zucker und den Balsamessig hinzugeben und köchelnd zu einer dickflüssigen Konsistenz einkochen. Mit Salz abschmecken und warm oder gekühlt servieren.

In einem Wok oder einer tiefen Pfanne das Erdnussöl auf 185 °C erhitzen.

Die Austern aus ihren Schalen nehmen und leicht mit Mehl bestäuben, Überschuss abklopfen, dann in den Tempurateig tauchen und die Überschüsse abtropfen lassen.

Die Austern in den Wok geben und knusprig-goldbraun frittieren. Auf Küchenpapier abtropfen lassen. Zurück in die Schalen legen und dazu die süßsauren Zwiebeln und dem Arme-Leute-Parmesan-Aioli reichen.

Die kühleren Monate sind die beste Zeit für Pazifik-Austern aus Tasmanien und Südaustralien sowie die Sydney Rock Austern von der Südküste in North South Wales. Manchmal, wenn es draußen etwas kühl ist, möchte man Austern nicht so gern roh schlürfen. Dieses Rezept ist perfekt für solche Tage geeignet; übrig gebliebene süßsaure Zwiebeln können beim nächsten Steak oder Schweinebraten zum Einsatz kommen. Für ein bisschen Abwechslung habe ich die Austern mit dem Arme-Leute-Parmesan-Aioli kombiniert, das im Grunde nichts anderes ist als kräftig gewürzte Semmelbrösel. Es heißt, es habe als Ersatz gedient, wenn man keinen Parmesan mehr hatte oder sich keinen leisten konnte. Es schmeckt statt Parmesan auch sehr lecker über Pasta, vor allem über Pasta mit Meeresfrüchten.

Frittierte Zucchiniblüten mit Salsa verde

Für 4 Personen

Die goldgelben Blüten von jungen Zucchini kann man gewöhnlich im Frühjahr und Sommer kaufen. Diese Zubereitung ist ein Klassiker, den ich auch zu Hause als Vorspeise reiche, wenn Gäste vorbeikommen. Man sollte die Blüten nur kurz in den Teig tauchen und nach dem Frittieren gut abtropfen lassen. Man kann die Salsa verde als Dip separat in einer Schüssel reichen oder über den gesamten Teller mit den Zucchiniblüten träufeln. Soll es ein wenig luxuriöser werden, kann man die Blüten mit etwas Krabbenfleisch füllen. Für eine vegetarische Version nimmt man Ziegenkäse, Ricotta oder, meine Lieblingsvariante, die aber nicht vegetarisch ist, sahnigen Büffelmozzarella und eine Sardelle ... himmlisch!

Ach so, wenn Sie keine Zucchiniblüten finden können, kein Problem ... einfach eine ganz gewöhnliche Zucchini klein schneiden und genauso zubereiten.

SALSA VERDE

1 Scheibe altbackenes Brot
250 ml Olivenöl
100 g Basilikumblätter
100 g glatte Petersilie
4 Sardellen
50 g Kapern
1 EL Cornichons, fein gehackt
1 EL Zitronensaft
50 g Pinienkerne, geröstet
Meersalz
frisch gemahlener schwarzer Pfeffer

TEMPURATEIG

150 g Tempuramehl oder Mehl Type 405
350 ml kaltes Mineralwasser mit Kohlensäure
1 Handvoll Eiswürfel

16 Zucchiniblüten
1 Liter Pflanzenöl zum Frittieren
Mehl zum Bestäuben
Zitronenspalten, zum Servieren

Für das Salsa verde das Brot 5 Minuten in dem Öl einweichen. Alle Zutaten in einem Mixer zerkleinern und salzen und pfeffern. In einem sauberen, verschließbaren Glas im Kühlschrank aufbewahren.

Für den Tempurateig das Mehl mit dem Mineralwasser verrühren, sodass es wie eine Creme aussieht, dann die Eiswürfel hinzufügen.

Die Staubgefäße (männlich) oder die Stempel (weiblich) in den Zucchiniblüten mit einer Pinzette oder den Fingern herauszupfen (nicht wirklich notwendig, aber sie schmecken dann besser).

In einem Wok oder einer tiefen Pfanne das Erdnussöl auf 185 °C erhitzen. Die Blüten leicht mit Mehl bestäuben und abklopfen. In den Teig tauchen und den Überschuss abtropfen lassen. Etwa 2 Minuten frittieren, bis der Teig hellgelb und knusprig ist. Auf Küchenpapier abtropfen lassen und mit Meersalz bestreuen. Mit Zitronenspalten und Salsa verde servieren.

Gnocchi mit Cotechino

Für 4 Personen

250 g Cotechino (italienische Kochwurst)
1 EL Olivenöl
1 Portion italienische Tomatensauce (rechts)
Meersalz und frisch gemahlener schwarzer Pfeffer
1 Handvoll Basilikumblätter, gezupft
frisch geriebener Parmesan, zum Servieren

KARTOFFEL-GNOCCHI
600 g Kartoffeln, Sorte Désirée, ungeschält
Meersalz
30 g weiche Butter
30 g Parmesan, frisch gerieben
1 Eigelb
10 g Meersalz
60 g Weizenmehl, am besten italienisches Mehl Type 00 und Hartweizengrieß zum Ausrollen

Die Cotechino-Wurst 2 Stunden in Wasser leise köcheln lassen, dann abkühlen lassen und in 5 mm dicke Scheiben schneiden.

Für die Gnocchi die Kartoffeln in Salzwasser gar kochen. Abgießen, schälen und in einem heißen Topf 1 Minute abdämpfen.

Die Kartoffeln mit einem Passiersieb pürieren oder durch eine Kartoffelpresse drücken. In eine Küchenmaschine mit Rührbesen füllen und bei niedriger Geschwindigkeit die Butter, den Parmesan, das Eigelb und das Salz hinzufügen. Mehl hinzugeben, bis der Teig nicht mehr an den Fingern klebt. Den Teig auf einer mit Hartweizengrieß bestreuten Arbeitsfläche zu 1 cm dicken Rollen ausrollen. In 3 cm große Stücke schneiden und in einem großen Topf mit köchelndem Salzwasser kochen, bis sie an die Oberfläche steigen. Mit einem Schaumlöffel aus dem Topf nehmen.

Das Olivenöl in einer Pfanne erhitzen und die Cotechinoscheiben leicht bräunen, dann wenden und 1 weitere Minute braten. Die Tomatensauce hinzufügen und zum Köcheln bringen. Salzen, pfeffern und die Basilikumblätter hinzugeben. Die Gnocchi hineingeben und behutsam mit der Sauce überziehen. Mit geriebenem Parmesan servieren.

Hinweis: Wenn man keine Cotechino finden kann, frische italienische Wurst aus Schweinefleisch verwenden. Nicht wie die Cotechino kochen, sondern ganz normal braten und in Stücke schneiden.

Italienische Tomatensauce

2 EL Olivenöl
50 g Knoblauch, in feine Scheiben geschnitten
1 Dose Tomaten (à 500 g), zerdrückt
8 Basilikumblätter

Das Öl in einem Topf erhitzen und den Knoblauch anbraten, bis er beginnt zu bräunen. Die Tomaten und 125 ml Wasser hinzugeben und 20–25 Minuten köcheln lassen. Das Basilikum zugeben und nochmals 5 Minuten köcheln lassen. Abschmecken und glatt pürieren.

Rucola-Birnen-Walnuss-Salat mit Blauschimmelkäse-Dressing

Für 4 Personen

Ein Rucolasalat ist im Handumdrehen fertig und passt zu den meisten mediterranen Gerichten. Die einfachste Art ist, Rucola, Parmesan, Olivenöl und entweder Zitronensaft oder Balsamessig zu vermengen – das war's. Wenn Sie dem Ganzen einen außergewöhnlichen Touch geben möchten, sollten Sie dieses einfache Dressing mit Blauschimmelkäse versuchen; es passt wunderbar zu den Birnen und Walnüssen.

BLAUSCHIMMELKÄSE-DRESSING

1 TL Dijonsenf
1 EL Weißweinessig
1 EL Zitronensaft
125 ml natives Olivenöl extra
1 EL weicher Blauschimmelkäse

125 g junger Rucola
20 feine Scheiben einer Birne, ungeschält
40 g geröstete Walnusskerne, grob gehackt
2 EL Blauschimmelkäse, zerkrümelt

Für das Dressing die Zutaten sorgfältig verquirlen.

Den Rucola, die Birne, die Walnusskerne und die Hälfte des Dressings in eine große Schüssel geben und leicht vermengen. Den Blauschimmelkäse zufügen und abschmecken, eventuell den Rest des Dressings zugeben.

Tortellini mit Tomaten-Ricotta-Füllung und Basilikum

Für 4 Personen

Dieses Rezept stammt aus meiner Zeit im *Hugo's Bondi Cafe*. Es stand auf unserer ersten Speisekarte und blieb dort auch einige Jahre als vegetarisches Hauptgericht. Vermutlich bestellen es nicht nur Vegetarier, es wurde nämlich zu einem unserer Bestseller. Dieses Gericht zeigt, dass gutes Essen kein halbes Vermögen kosten muss oder stundenlang zubereitet werden muss. Sie können das Ganze sogar noch beschleunigen, indem Sie fertig im Ofen gebackene Tomaten und frische Lasagne-Teigblätter kaufen, wenn Sie zu Hause keine Nudelmaschine oder einfach gerade keine Lust haben.

TOMATEN-RICOTTA-FÜLLUNG

250 g Ricotta

40 g halbgetrocknete Tomaten, fein gehackt

1 Eigelb

6 Basilikumblätter, in feine Streifen geschnitten

1 EL frisch geriebener Parmesan

1–2 EL Tomatensaft (nach Belieben)

1 EL natives Olivenöl extra

8 frische Lasagne-Teigblätter oder 40 Wan-Tan-Teigblätter

1 Ei, leicht verquirlt

Meersalz

125 g Butter

1 EL Zitronensaft

1 EL natives Olivenöl extra

8 Basilikumblätter

8 rote Basilikumblätter

14 Kirschtomaten, halbiert und im Backofen auf sehr niedriger Stufe getrocknet (oder frische verwenden)

1 Knoblauchzehe, zerdrückt

1 EL frisch geriebener Parmesan, plus etwas mehr zum Servieren

Für die Füllung alle Zutaten vermischen. Die Teigblätter auf einem Schneidebrett in 9 cm große Quadrate schneiden. Mit einem Backpinsel die Ränder der Quadrate mit verquirltem Ei bestreichen.

1 EL Füllung in die Mitte jedes Nudelquadrats geben und diagonal zu einem Dreieck zusammenklappen. Etwas Ei auf zwei Ecken des Dreiecks streichen, das Dreieck um den Finger wickeln, sodass die Ecken übereinanderliegen und durch Zusammendrücken verschließen.

Die Tortellini in kochendem Salzwasser etwa 2 Minuten kochen, bis sie gar sind, dann mit einem Schaumlöffel herausnehmen.

Die Butter in einer Pfanne 2–3 Minuten erhitzen, bis sie nussbraun wird. Vom Herd nehmen und den Zitronensaft und das Olivenöl zugießen. Das Basilikum, die Kirschtomaten, den Knoblauch, die Tortellini und den Parmesan hinzugeben und behutsam vermengen. Parmesan darüberstreuen und servieren.

Scharfe Peperoni-Pizza mit Minze und Büffelmozzarella

Ausreichend für vier Pizzaböden (Durchmesser 30 cm)

Wie Sie vielleicht bereits wissen, gehören mir das Restaurant *Hugo's Bar Pizza* in Kings Cross und ein weiteres in Manly, beides Stadtteile von Sydney. *Hugo's* hat sich auf Pizza, italienische Küche und großartige Cocktails spezialisiert. Als ich die Pizzas kreiert habe, sollte unbedingt auch eine Peperoni-Pizza dabei sein — meine Lieblingspizza, ohne Frage — aber ich wollte auch, dass sie etwas anders schmeckt als gewöhnlich. Am Anfang haben wir einfach sehr scharfe Salami verwendet und dann habe ich gelesen, dass man in Italien die Schärfe der Peperoniwurst durch Minze mildert, und dass so eine leckere Mischung entsteht. Und so ist dann die Kombination aus Minze und scharfer Peperoni ins Spiel gekommen. Dann noch etwas sahnigen Büffelmozzarella und fertig ist ein wahres Meisterstück für Genießer. Sollten Sie keine hochwertige scharfe Salami finden können, versuchen Sie es mit einigen Chiliflocken, die Sie auch erst zum Servieren über die Pizza streuen können.

1 Portion Pizzateig, rechte Seite
8 Knoblauchzehen, geröstet und zerdrückt
2 EL natives Olivenöl extra
½ Portion Pizza-Tomatensauce (rechte Seite)
160 g Mozzarella, in Stücke gezupft
2 Schalen Kirschtomaten, in Drittel geschnitten
1 kleine Handvoll glatte Petersilie
300 g scharfe Peperoni oder Salami, in hauchdünne Scheiben geschnitten
Chiliflocken, nach Geschmack
Meersalz
2 Handvoll Minzeblätter
1 Kugel Büffelmozzarella, in Stücke gezupft

Den Backofen auf höchster Stufe vorheizen. Den Teig in vier Portionen teilen und auf einer leicht bemehlten Arbeitsfläche zu vier dünnen Pizzaböden ausrollen. Auf gefettete Backbleche legen und mit einer Gabel gleichmäßig verteilt einstechen, damit sich beim Backen keine Luftblasen bilden.

Den Knoblauch mit dem Olivenöl verrühren.

Die Pizzaböden mit der Tomatensauce bestreichen, dann mit dem Mozzarella, den Kirschtomaten, dem Knoblauchöl, der Petersilie, der Peperoni oder Salami und nach Geschmack den Chiliflocken belegen und leicht salzen.

Die Pizzas in 5–10 Minuten knusprig backen. Zum Schluss mit den Minzeblättern und dem Büffelmozzarella garnieren.

Pizzateig

3 TL Trockenhefe
3 TL Zucker
3 TL Salz
1 EL Olivenöl
425 g Weizenmehl, am besten italienisches Pizzamehl Type 00, alternativ Type 405

Die Hefe, den Zucker, das Salz und das Olivenöl in eine Rührschüssel mit 250 ml warmem Wasser geben und behutsam vermengen. 15 Minuten gehen lassen (das Ganze sieht dann schaumig aus). Nach und nach das Mehl hinzugeben und etwa 5 Minuten kneten, bis der Teig glatt ist.

In eine leicht eingeölte Schüssel geben und an einem warmen Ort etwa 30 Minuten bis 1 Stunde ruhen lassen, bis der Teig sich fast verdoppelt hat. Mit der Handfläche flach drücken und erneut an einem warmen Ort gehen lassen.

Ausreichend für vier Pizzaböden (Durchmesser 30 cm).

Pizza-Tomatensauce

1 Dose Tomaten (à 400 g)
1 Prise Meersalz
1 Prise schwarze Pfefferkörner
1 Prise Oregano

Für die Tomatensauce die Tomaten, das Salz, die Pfefferkörner und den Oregano in einer Küchenmaschine verrühren.

Ergibt 2 Tassen Tomatensauce (ausreichend für etwa acht Pizzas). Kann tiefgefroren werden.

Italienische Fleischbällchen

Für 4 Personen

350 g Hackfleisch vom Schwein
150 g Hackfleisch vom Kalb
100 g Parmesan, frisch gerieben
80 g frische Semmelbrösel
2 EL Petersilie, gehackt
2 Eigelb
Meersalz
frisch gemahlener schwarzer Pfeffer
2 EL Olivenöl
500 ml italienische Tomatensauce (Seite 148)
Pecorino-Käse, gehobelt, zum Servieren

Den Backofen auf 180 °C (Umluft 160 °C) vorheizen. Das Schweinehack, das Kalbshack, den Parmesan, die Semmelbrösel, die Petersilie, die Eigelbe und etwas Salz und Pfeffer vermengen. Zu Bällchen in der Größe eines Golfballs formen.

Das Öl in einer ofenfesten Pfanne erhitzen und die Fleischbällchen auf einer Seite goldbraun braten, dann wenden und für 5 Minuten in den Backofen stellen, bis sie gar sind.

Die Tomatensauce in die Pfanne geben, auf dem Herd erhitzen und mit dem Pecorino servieren.

Die Italiener haben eine wunderbare Art zu kochen, deshalb sind auch so viele ihrer Gerichte zu einem wichtigen Bestandteil unserer eigenen Küche geworden — auch wenn wir keine Italiener sind. Ich habe gerade das wunderbare Buch *The Food of Love* von Anthony Capella gelesen. Er sieht im Essen nicht nur eine Quelle des Genusses, sondern auch ein Mittel, die unterschiedlichen Gemütszustände der Menschen zu beeinflussen. Ein Gericht, das ich mit viel Freude zubereite und bei dem meine Töchter schier aus dem Häuschen geraten und »bitte mehr, Papa« rufen, sind ohne Frage genau diese italienischen Fleischbällchen. Gerade die Schlichtheit dieses Gerichts macht es so wunderbar und daran wird sich auch in Zukunft nichts ändern. Sie können Ihre Lieblingspasta dazu reichen oder, besser noch, für ein leckeres Mittagessen ein Brötchen mit den Fleischbällchen füllen. Auf jeden Fall beeinflussen sie meinen Gemütszustand ...

Mum's Spaghetti Bolognese

Für 4 Personen

Mehr muss hier eigentlich nicht gesagt werden: Meine Mutter macht die besten Spaghetti Bolognese der Welt. Ich liebe Dich, Mum!

2 EL Olivenöl
½ Zwiebel, fein gehackt
3 Knoblauchzehen, fein gehackt
500 g Hackfleisch vom Rind
1 TL Oregano
250 ml Rotwein (ich nehme einen Shiraz)
2 EL Tomatenmark
3 EL Tomatensauce (Ketchup)
1 EL süße Chilisauce oder 1 Prise Chiliflocken
1 Dose Tomatensuppe (à 400 g)
250 ml Hühnerbrühe
Meersalz
frisch gemahlener schwarzer Pfeffer
ca. 400 g gekochte Spaghetti (vorzugsweise frische Pasta)
4 EL glatte Petersilie, gehackt
Parmesan, frisch gerieben
Mangold, Pilze, Zucchini (nach Belieben – das gibt meine Mutter gern in die Sauce, damit sie etwas gesünder wird, aber mir schmeckt es nicht wirklich ... sorry, Mum)

Das Öl in einer großen Pfanne erhitzen. Die Zwiebel und den Knoblauch darin anschwitzen. Das Hackfleisch zugeben und 3–4 Minuten anbraten. Den Oregano und den Wein zugeben und garen, bis der Wein fast verkocht ist.

Das Tomatenmark und die Saucen hinzugeben und 1 Minute mitkochen. Die Suppe, die Hälfte der Hühnerbrühe und reichlich Salz und Pfeffer zugeben. 30 Minuten köcheln lassen (gegebenenfalls den Rest der Brühe zugießen).

Die heißen Spaghetti und die Petersilie in die Sauce geben und gründlich vermengen. Mit geriebenem Parmesan bestreuen und mit Rotwein genießen, es ist wahrscheinlich sowieso einer vom Kochen übrig.

Schneller italienischer Fisch- und Meeresfrüchteeintopf

Für 4 Personen

Meine Familie und ich sind mit Fisch und Meeresfrüchten bestens vertraut. Sie bestimmen sogar unsere Familienferien, weil wir an unterschiedlichen Orten in Australien und in Übersee mit Freunden fischen gehen. Wir essen unseren Fang entweder direkt vor Ort oder bringen ihn tiefgefroren nach Hause zurück. Dieses schnelle und einfache Gericht aus Fisch und Meeresfrüchten liefert eine Menge der lebenswichtigen Omega-3-Fettsäuren und ruft schöne Erinnerungen wach, wenn Sie den Fisch selbst gefangen haben sollten.

4 EL Olivenöl
1 Zwiebel, in feine Ringe geschnitten
2 Knoblauchzehen, zerdrückt
1 Prise Safran
1 TL Chiliflocken (nach Belieben)
170 ml Weißwein
2 EL Tomatenmark
1 Dose Tomaten (à 400 g), zerdrückt
375 ml Fischfond
Meersalz
frisch gemahlener schwarzer Pfeffer
300 g festes weißes Fischfleisch, in Stücke geschnitten
8 Miesmuscheln, gesäubert
400 g rohe Riesengarnelen, aus den Schalen gelöst und entdarmt, die Schwänze intakt
8 Jakobsmuscheln
2 EL gehackte Petersilie

KNOBLAUCH-KRÄUTERBROT
150 g weiche Butter
3 Knoblauchzehen, zerdrückt
je 1 EL Basilikum, Petersilie, Kerbel fein gehackt
2 EL fein geriebener Parmesan
½ Baguette, in dicke Scheiben geschnitten

Das Öl in einem großen Topf erhitzen und die Zwiebel 1 Minute anschwitzen. Den Knoblauch, den Safran, die Chiliflocken und den Wein hinzugeben und 2 Minuten köcheln lassen. Das Tomatenmark, die Tomaten und den Fond zugeben, abdecken und 20–25 Minuten garen.

Mit Salz und Pfeffer würzen, dann den Fisch, die Miesmuscheln, die Garnelen und die Jakobsmuscheln zugeben. Nochmals 5 Minuten garen, dann die Petersilie unterheben.

Für das Knoblauch-Kräuterbrot die Butter sorgfältig mit dem Knoblauch, dem Basilikum, der Petersilie, dem Kerbel und dem Parmesan vermischen und salzen und pfeffern. Nur die eine Seite der Brotscheiben rösten, dann dick mit der Knoblauch-Kräuter-Butter bestreichen. Erneut unter den Backofengrill legen und nochmals 1–2 Minuten leicht bräunen.

Mit Knoblauch-Kräuterbrot servieren.

Mein Lieblingsgericht, mit dem ich zu Hause verwöhnt werde, ist dieses hier: Astrids Spinat-Pie. Astrid ist meine Frau und wenn sie in die Küche kommt, muss man einen Schritt zurücktreten ... sie gehört zu den Köchinnen und Köchen, die extrem nervös werden, weil sie möchten, dass alles perfekt ist. Das ist so ziemlich das Gegenteil von mir – mir machen Fehler nichts aus und ich werde beim Kochen nicht allzu hektisch. Nachdem ich einen Abend lang im Restaurant für hundert Leute gekocht habe, ist es im Grunde für mich sogar entspannend, zu Hause zu kochen. Diesen Spinat-Pie mögen alle gern; er ist besonders praktisch, weil auch Kinder ihn gern essen und man sie auf diese Weise dazu bewegen kann, Spinat zu essen. Astrid schockiert es, dass ich meinen Spinat-Pie gern mit etwas Chili-Jam esse, weil sie als Puristin nur einen zusätzlichen Spritzer Zitronensaft zulässt.

Astrids Spinat-Feta-Pie mit Chili-Chutney

Für 4 Personen

1 Bund Mangold
250 g Gemüsespinat
Meersalz
1 Bund Schnittlauch, fein gehackt
½ Bund Dill, fein gehackt
250 g körniger Frischkäse
250 g Fetakäse, zerkrümelt
3 Eier
1 TL Oregano, vorzugsweise griechischer
frisch gemahlener schwarzer Pfeffer
4 Blätterteigplatten, aufgetaut
1 Ei, leicht geschlagen, zum Glasieren
1 Zitrone, geviertelt

Den Backofen auf 220 °C (Umluft 200 °C) vorheizen. Die dicken holzigen Stielteile vom Mangold und Spinat abschneiden. 2 Minuten in kochendem Salzwasser blanchieren. Abgießen, unter fließendem kalten Wasser abschrecken, dann in einem Geschirrtuch das überschüssige Wasser herausdrücken. Sehr fein hacken und mit dem Schnittlauch, dem Dill, dem Frischkäse, dem Feta, den Eiern, dem Oregano und etwas Salz und Pfeffer vermischen.

2 Blätterteigplatten auf einer mit Mehl bestäubten Arbeitsfläche aneinanderlegen und auf 35 x 25 cm ausrollen. Eine 27 x 17 cm große Backform einfetten und mit der jetzt großen Blätterteigplatte auslegen, die Ränder an den Seiten hochziehen. Die Füllung gleichmäßig auf dem Teig verteilen, dann wieder 2 Teigplatten zusammenlegen und auf 27 x 25 cm ausrollen und über die Füllung legen. Die Teigränder abschneiden und mit den unteren zusammendrücken. Den Pie mit Ei einpinseln. 15 Minuten backen, bis er goldgelb ist, dann die Hitze auf 200 °C (Umluft 180 °C) reduzieren und weitere 15–20 Minuten backen, bis er gar ist. Mit Zitrone und Chili-Chutney servieren.

Chili-Chutney

1 EL Olivenöl
1 rote Zwiebel, gewürfelt
1 rote Paprikaschote, klein geschnitten
1 Schale Kirschtomaten
10 rote Peperoni, entkernt und gehackt
2 EL gehackte Korianderblätter, Wurzel und Stängel
115 g Vollrohrzucker
2 EL Sambal Oelek
1–2 EL Fischsauce
1 Biozitrone, geschält und klein geschnitten, Kerne entfernt

Das Öl in einer Pfanne erhitzen, dann die Zwiebel und die Paprikaschote darin anbraten, bis sie weich sind. Die restlichen Zutaten hinzufügen und 30 Minuten köcheln lassen. Zu einer glatten Mischung verrühren und würzen.

Salat aus Spinat, Ziegenkäse und Pesto

Für 4 Personen

Eine Version dieses Salats steht seit mehr als fünfzehn Jahren auf der Speisekarte meiner Restaurants und kommt nach wie vor bei vielen Gästen sehr gut an. Ich gebe mit Vorliebe etwas cremigen Ziegenfrischkäse (keinen harten Ziegenkäse) zu den Spinatblättern und mag das besondere Aroma der zerkleinerten, gerösteten Haselnüsse im Pesto. Dieser Salat passt hervorragend zu einem Braten, oder, besser noch, Sie machen daraus ein Hauptgericht, indem Sie einen Lammrücken- oder -hüftbraten zubereiten, ihn dann ruhen lassen, in Streifen schneiden und mit dem Salat vermischen.

200 g junger Spinat, gewaschen
1 rote Zwiebel, fein gewürfelt
Meersalz
frisch gemahlener schwarzer Pfeffer
5 EL natives Olivenöl extra
2 EL Balsamessig
4–6 EL Ziegenfrischkäse
2 EL zerstoßene geröstete Haselnusskerne

Pesto

2 Knoblauchzehen, geröstet und geschält
Meersalz
2 EL geröstete Pinienkerne
1 Sardelle (nach Belieben)
100 g Basilikumblätter
2 EL frisch geriebener Parmesan
Schale und Saft von 1 Biozitrone
200 ml Olivenöl
frisch gemahlener schwarzer Pfeffer

Für das Pesto den Knoblauch mit etwas Meersalz entweder in einem Mörser oder mit einem Stabmixer zu einer sämigen Paste verarbeiten, dann unter ständigem Mixen die Pinienkerne und zum Schluss die Sardelle zugeben. Nun das Basilikum, danach den Käse, die Zitronenschale, den Zitronensaft und das Olivenöl zugeben, bis eine saucenähnliche Konsistenz erreicht ist. Mit schwarzem Pfeffer würzen.

Die Spinatblätter leicht mit der roten Zwiebel und etwas Meersalz und Pfeffer vermengen. Das Öl und den Essig zugießen, erneut behutsam vermischen und mit dem Ziegenkäse garnieren.

Die gerösteten Haselnusskerne mit 4 EL Pesto verrühren und über den Salat träufeln (Pestoreste in ein Schraubglas füllen, mit einer Schicht Öl bedecken und im Kühlschrank aufbewahren).

Pappardelle mit Kaninchenragout

Für 4–6 Personen

Ich weiß, dass viele junge Leute Kaninchenfleisch nicht so gern essen wie die ältere Generation, aber ich bin fast sicher, dass Sie Ihre Meinung ändern werden, wenn Sie dieses Gericht einmal ausprobiert haben. Die wichtigste Zutat ist das Kaninchenragout, mit dem man alles Mögliche veranstalten kann – mit einem Risotto vermischen, zu Kartoffelpüree servieren, mit Gnocchi vermengen oder auf eine Scheibe getoastetes Brioche streichen. Bei diesem Rezept gibt es das Ragout mit Pasta. Sollte etwas übrig bleiben, kann man Ravioli damit füllen und sie dann mit einer braunen Buttersauce mit Salbeiblättern und gerösteten Esskastanien servieren – ein herrlich wärmendes Essen für den Winter. Sie können für dieses Rezept auch Ziegen-, Enten- oder Taubenfleisch verwenden – was immer Sie möchten.

2 EL Olivenöl
1 ganzes ausgenommenes Kaninchen, in Stücke geschnitten
60 g Karotten, gewürfelt
60 g Sellerie, gewürfelt
60 g Zwiebel, gewürfelt
60 g Pancetta (italienischer, gewürzter Speck), gewürfelt
60 g Petersilie, gehackt
200 ml Rotwein
400 ml Kalbsfond
1 Dose Tomaten (à 500 g), zerdrückt
600 g Pappardelle
100 g frische Erbsen, gepalt
frisch geriebener Parmesan, zum Servieren

Den Backofen auf 150 °C (Umluft 130 °C) vorheizen.

Das Öl in einem großen Bräter auf mittlerer Stufe erhitzen und die Kaninchenstücke darin goldbraun braten. Aus dem Bräter nehmen.

Noch etwas Öl in den Bräter gießen und das gewürfelte Gemüse und die Pancetta kurz anbraten, bis der Schinkenspeck glasig ist. Die Kaninchenstücke und die Petersilie hinzugeben. Den Rotwein zugießen und zum Köcheln bringen. Die Brühe und die Tomaten zugeben, abdecken und für etwa 2 Stunden in den Backofen stellen.

Das Kaninchenfleisch von den Knochen lösen und beiseitestellen. Den Bräter auf den Herd stellen und die Sauce ohne Deckel auf mittlerer Stufe kochen, bis sie andickt. Das Kaninchen zurück in die Sauce geben. Gegebenenfalls mit Salz und Pfeffer nachwürzen.

Inzwischen die Pasta und die Erbsen zusammen in Salzwasser kochen und dann abgießen. Mit der Kaninchensauce vermengen und mit Parmesan servieren.

Chili-Garnelen mit Zuckererbsen

Für 4 Personen

3 EL Traubenkernöl
1 kg rohe Riesengarnelen, aus den Schalen gelöst und entdarmt
Meersalz
3 kleine weiße Frühlingszwiebeln, in feine Scheiben geschnitten
8 Knoblauchzehen, in feine Scheiben geschnitten
1 rote Thai-Chilischote, fein gehackt
170 ml Chilisauce
100 g Zuckererbsen, geputzt
1 kleine Handvoll Korianderblätter, fein gehackt
gedünsteter Reis, zum Servieren

Ein wenig Traubenkernöl in einem Wok erhitzen und die Garnelen portionsweise auf jeder Seite etwa 30 Sekunden anbraten, bis sie rosafarben und gerade eben gar sind. Aus dem Wok nehmen, auf einem vorgewärmten Teller beiseitestellen und mit ein wenig Meersalz bestreuen.

Das restliche Öl in den Wok geben, die Frühlingszwiebeln, den Knoblauch und die Chilischote hinzugeben und etwa 30 Sekunden anbraten. Die Chilisauce und die Zuckererbsen hinzufügen und erhitzen (darauf achten, die Erbsen nicht zu verkochen, sie sollten noch knackig sein). Die Garnelen zurück in den Wok geben, alles vermengen und mit dem Koriander bestreuen. Mit gedünstetem Reis servieren.

Pasta mit Kirschtomaten

Für 4 Personen

Ich koche dieses Gericht zu Hause für meine Familie häufiger als jedes andere. (Ich bereite es allerdings nie für meine Freunde zu, damit sie nicht denken, ich sei völlig fantasielos!) Aber wie heißt es so schön, »man weiß nie, was hinter verschlossenen Türen passiert«, und genau das passiert hinter meiner ... ein einfaches Pastagericht mit nur wenigen Zutaten: Kirschtomaten, Knoblauch (jede Menge davon), Chili, Sardellen und frische Kräuter, ich verwende mal Basilikum, mal Petersilie. Wenn ich Petersilie verwende, brate ich sie am Anfang mit der Sauce, aber die Basilikumblätter zupfe ich klein und vermenge sie ganz zum Schluss mit der Pasta. Manchmal streue ich noch ein paar Kapern oder Oliven in die Pasta oder auch etwas Rucola oder Spinat und einen Spritzer Zitronensaft. Man kann das Gericht auch mit frischer, roher Tomatensauce auf den Tisch bringen: Ein Dressing zubereiten, die Kirschtomaten mit einem Kartoffelstampfer zerkleinern, Basilikum und die gekochten Nudeln hinzugeben und als leichtes Mittagessen im Sommer genießen. Es gehört zu den Gerichten, die jedes Mal anders ausfallen, wenn ich sie koche, vielleicht ist es ja genau das, was ich daran so mag.

150 ml natives Olivenöl extra
10 Knoblauchzehen, in feine Scheiben geschnitten
2 rote Thai-Chilischoten, fein gehackt
6 Sardellen
1 EL Kapern
2 Schalen Kirschtomaten, halbiert
2 EL Weißwein
Meersalz
frisch gemahlener schwarzer Pfeffer
1 kleine Handvoll Basilikumblätter
400 g Orecchiette oder eine Pastasorte nach Belieben
Saft von ½ Zitrone
Meersalz
Parmesan, frisch gehobelt, zum Servieren

Das Öl, den Knoblauch, die Chilis und Sardellen in einem Topf auf mittlerer bis niedriger Stufe erhitzen, bis der Knoblauch beginnt, Farbe anzunehmen. Die Sardellen mit einem Holzlöffel zerkleinern.

Die Kapern, die Tomaten und den Weißwein hinzugeben und mit Salz und Pfeffer würzen. Nochmals 3 Minuten garen, dann das Basilikum unterrühren.

In der Zwischenzeit die Pasta nach den Anweisungen des Herstellers in kochendem Wasser garen, dann abgießen. Zu der Sauce geben und gut vermengen. Den Zitronensaft unterheben und mit dem geriebenen Parmesan servieren.

Ich schwärme geradezu für einfache Rezepte und es macht mir nichts aus, hin und wieder Fertigsaucen direkt aus der Flasche zu verwenden, ich halte sie sogar für absolut großartig, wenn man nicht mindestens eine halbe Stunde Zeit hat, selbst ein Sauce zuzubereiten. Das Wichtigste ist, darauf zu achten, dass die Garnelen so frisch wie möglich sein müssen. (Sie können auch tiefgefrorene verwenden, müssen sie aber dann an dem Tag verarbeiten, an dem sie aufgetaut wurden. Der Rest ist so einfach wie das ABC.

Zu meinen Ritualen am Weihnachtstag gehört, dass ich früh aufstehe und surfen gehe, meistens mit meinem Bruder Dave. An diesem Tag ist auf den Wellen am wenigsten los, weil alle zu Hause sind und ihre Geschenke auspacken. Weil ich an diesem Morgen so früh schon unterwegs bin und stets mir die Ehre zuteil wird, das Kochen für diesen Tag übernehmen zu dürfen (mit anderen Worten, ich bin der Sklave), mag ich es, wenn alles so stressfrei und locker wie möglich abläuft. Aus diesem Grund gibt es meinen Weihnachtsschinken aus dem Backofen. Er wird bereits am Vortag gebacken und schmeckt dann am nächsten Tag sogar noch besser. Das Rezept habe ich von einem sehr guten Freund bekommen, von Rob Vandyke, dem Stiefvater von Maddie Hayes, eine der besten Lehrlinge, die ich je hatte. Leider ist Rob letztes Jahr von uns gegangen ... aber die Erinnerung an ihn wird in unseren Herzen weiterleben und sein ausgezeichneter Schinkenbraten wird alle Jahre wieder auf meiner Weihnachtstafel stehen.

Robs Weihnachtsschinken mit Fenchel-Krautsalat

Für 4 Personen

500 g Aprikosen-Konfitüre
185 ml trockener Sherry
Meersalz und frisch gemahlener schwarzer Pfeffer
1 Beinschinken à ca. 1,5 kg, am Vortag etwa für eine Stunde kochen
1 EL gemahlener Zimt
7 Sternanise, im Mörser zerrieben
95 g Vollrohrzucker

Die Aprikosen-Konfitüre mit dem Sherry in einem Topf auf mittlerer Stufe zu einem dickflüssigen Aufstrich verrühren. Salz und Pfeffer einrühren. Den Backofen auf 180 °C (Umluft 160 °C) vorheizen. Die Schwarte etwa 2,5 cm tief rautenförmig einschneiden. (Durch diese Einschnitte kann das Aroma der Glasur wunderbar in das Fleisch einziehen.)

Den Zimt mit dem Sternanis vermischen und in das Fett einreiben. Zwei Drittel der Aprikosenglasur auf den Schinken streichen (den Rest zum Bestreichen während des Backens zurückbehalten). Die Oberseite kräftig mit dem Rohrzucker einreiben, dabei darauf achten, dass etwas Zucker in die Einschnitte gelangt.

Den Schinken in eine Ofenform legen, 2 cm Wasser zugießen und 1–1½ Stunden garen; ab und an mit der restlichen Glasur bestreichen. Im Abstand von 20 Minuten nach dem Braten sehen, damit er nicht verbrennt.

Mit Fenchel-Krautsalat, Ihrem bevorzugten Chutney, Senf und knusprigem Brot servieren.

Fenchel-Krautsalat

¼ Rotkohl, in feine Streifen geschnitten
¼ Grünkohl, in feine Streifen geschnitten
2 Fenchelknollen, in feine Streifen geschnitten
6 Radieschen, in feine Scheiben geschnitten
2 rote Peperoni, entkernt und in feine Scheiben geschnitten
½ rote Zwiebel, in feine Ringe geschnitten
2 Karotten, gerieben
Saft von 1 Zitrone
4 EL natives Olivenöl extra
1 EL körniger Senf
250 g Naturjoghurt oder Mayonnaise
2–3 große Handvoll Kräuter wie Petersilie, Dill, Basilikum, Schnittlauch und Estragon, grob gehackt

Alle Zutaten in eine große Schüssel geben. Behutsam vermengen und abschmecken.

Doppelt geschmorte Ente mit Feigen

Für 4 Personen

Ente, Ente und noch mal Ente! Gibt es da draußen irgendeinen Vogel, der besser schmeckt? Ich bezweifele es. Ich könnte meinem liebsten Federwild ein ganzes Kapitel widmen, habe mich aber auf dieses Gericht beschränkt, das ich auch zu Hause koche – es besteht aus wenigen Zutaten, ist aber unglaublich lecker. Wenn gerade nicht die richtige Zeit für frische Feigen ist, kann man auch getrocknete verwenden oder mit anderen Früchten wie Quitten, Orangen, Birnen experimentieren ...

2 küchenfertige Enten (à 1,8 kg)
300 g Vollrohrzucker
500 ml Kalbsfond
6 Feigen, geviertelt
1 kleine Handvoll Basilikumblätter
2½ EL Apfel-Balsamessig
Meersalz
frisch gemahlener schwarzer Pfeffer
2 EL Olivenöl
200 g Cavolo nero (Schwarzkohl) oder Spinat oder Mangold
zerstoßener schwarzer Pfeffer
Saft von ½ Zitrone

Den Backofen auf 120 °C (Umluft 100 °C) vorheizen. Die Enten mit dem Rohrzucker einreiben, dann im Backofen 2½ Stunden schmoren lassen. Die Enten leicht abkühlen lassen, dann in vier Bruststücke und vier Beine zerlegen.

Inzwischen den Kalbsfond in einem Topf auf mittlerer Stufe kochen und um die Hälfte reduzieren.

Die Backofenhitze auf 160 °C (Umluft 140 °C) erhöhen. Die Ente mit dem Fond in einen Bräter geben und weitere 10–15 Minuten garen. Die Feigen, das Basilikum und den Apfel-Balsamessig hinzugeben, mit Salz und Pfeffer würzen und nochmals 5 Minuten schmoren lassen.

Das Olivenöl in einer Pfanne auf mittlerer Stufe erhitzen und den Schwarzkohl kurz anbraten, bis er in sich zusammenfällt. Mit Meersalz und zerstoßenen Pfefferkörnern würzen und den Zitronensaft hinzufügen. Mit der Ente und den Feigen servieren.

Gebratener Rosenkohl mit Chili und Speck

Für 4 Personen

Als Kind habe ich Rosenkohl verabscheut, wahrscheinlich mehr als jedes andere Essen auf der Welt. Wenn ich jetzt zurückblicke, glaube ich, dass es nicht der Rosenkohl war, den ich gehasst habe, sondern die Art, wie er gekocht wurde (oder sollte ich sagen, verkocht wurde, bis er matschig und grau war). Hätte man ihn mir wie diesen hier vorgesetzt, als ich acht Jahre alt war (vielleicht ohne Chili), wäre alles vielleicht anders gewesen. Ich mag Rosenkohl auch gern, wenn er gerade eben weich gekocht und dann mit einer braunen Buttersauce und etwas gehackter Petersilie und Zitrone vermengt wird.

100 g Speckwürfel oder Pancetta, in ziemlich große Stücke geschnitten
20 Rosenkohlröschen
2 EL Butter
Meersalz
frisch gemahlener schwarzer Pfeffer
1 Prise Chiliflocken
Schale von 1 Bio-Zitrone, fein gerieben

Den Backofen auf 180 °C (Umluft 160 °C) vorheizen. Den Speck in eine Ofenform geben und 10 Minuten backen. Ein tiefes Kreuz in jedes Röschen schneiden, damit es gleichmäßig gart und die Aromen aufnehmen kann.

Die Röschen zu dem Speck in die Ofenform geben. Die Butter hinzufügen, mit Salz und Pfeffer würzen und 20 Minuten backen. Mit den Chiliflocken und der Zitronenschale bestreut servieren.

Butterhähnchen mit Naan-Brot

Für 4 Personen

1 Stück Inwer (2 cm), geschält und gehackt
3 Knoblauchzehen, geschält und gehackt
2 EL gemahlene Mandeln
3 EL Tandooripaste aus dem Glas
250 g griechischer Joghurt
2 EL Öl oder Ghee
1 große Zwiebel, in feine Ringe geschnitten
750 g Hähnchenbrustfilet, halbiert
Meersalz
125 ml Hühnerbrühe oder Wasser
1 kleine Handvoll Korianderblätter

MINZ-JOGHURT
125 g Naturjoghurt
1 große Handvoll Minzeblätter, gehackt

Den Grill vorheizen und eine Keramikauflaufform mit Backtrennspray einsprühen. Den Ingwer, den Knoblauch, die Mandeln, die Tandooripaste und den Joghurt in einer Küchenmaschine zu einer Paste verarbeiten. 1 EL des Öl oder Ghee in einer großen tiefen Pfanne erhitzen und die Zwiebel 5 Minuten garen. In die Auflaufform geben. Die Hähnchenfilets mit ½ Tasse der Tandoorimischung und einer Prise Salz überziehen. Die Hitzezufuhr erhöhen und das restliche Öl zugießen. Die Filets in die Pfanne geben und jede Seite je 5 Minuten braten. Die restliche Tandoorimischung und die Brühe zugeben und aufkochen, die Hitze reduzieren und 10 Minuten köcheln lassen. Den Koriander unterrühren. In die Auflaufform geben und 3 Minuten grillen, bis es blubbert. Für den Minz-Joghurt den Joghurt mit der Minze vermischen und mit dem Hähnchen servieren.

Naan-Brot

1 Ei, leicht verquirlt
2 EL Öl oder Ghee
185 ml Naturjoghurt
500 g Weizenmehl Type 405
2 TL Trockenhefe
½ TL Backpulver
½ TL Salz
185 ml warme Milch
50 g Butter, zerlassen

Das Ei, das Öl und den Joghurt in einer Schüssel vermischen.

Das Mehl in eine große Schüssel sieben, dann die Hefe, das Backpulver und das Salz zugeben. In die Mitte eine Mulde drücken und die Joghurtmischung sowie die warme Milch hineingießen. Zu einem festen Teig verkneten.

Den Teig auf einer mit Mehl bestäubten Arbeitsfläche 5 Minuten kneten, bis er glatt und elastisch ist. In eine große eingeölte Schüssel geben und an einem warmen Ort 2 Stunden gehen lassen, bis er sich verdoppelt hat.

Den Backofengrill auf hoher Stufe vorheizen. Ein Backblech einfetten und zum Aufheizen unter den Grill stellen. Den Teig in 10 Portionen teilen und jeweils 2 Portionen gleichzeitig 5 mm dick ausrollen. Ein Ende des Teigs tränenförmig herausziehen. Auf das heiße Backblech legen und beidseitig 1–2 Minuten grillen, bis sie braune Stellen auf der Oberseite haben. Mit zerlassener Butter bestreichen und servieren.

Poldis Rindfleisch mit Bittermelone

Für 4 Personen

Ich weiß, dass dieses Buch eigentlich nur meine Rezepte enthalten sollte, aber ich muss Ihnen ein Geheimnis verraten – Poldi, meine Schwiegermutter, kocht mindestens einmal in der Woche für uns. Sie ist eine der besten Köchinnen auf dem Planeten. Dies ist das erste Gericht, das sie je für mich gekocht hat, und ich war schockiert, als sie etwas auf den Tisch setzte, das ich noch nie zuvor gesehen hatte: Bittermelone. Heute weiß ich, dass Bittermelone (oder Bittergurke) vor allem in der asiatischen Küche verwendet wird und, wie ihr Name schon sagt, eins der bittersten Gemüse überhaupt ist. Sie wird wegen ihrer heilenden Eigenschaften hoch geschätzt und ist wahrscheinlich nur in einem Asien-Supermarkt zu finden. Sie hat einen eigenen Geschmack, aber wenn Sie sich erst daran gewöhnt haben, könnte dies ein Lieblingsgericht werden.

1 Bittermelone (Asialaden)
2 EL fermentierte Schwarzbohnen
6 Knoblauchzehen, zerdrückt oder fein gehackt
1 EL geriebener Ingwer
2 Chilischoten, fein gehackt
125 ml helle Sojasauce
2 TL Zucker
400 g Rindermedaillon, in 5 mm dicke Streifen geschnitten
Stärkemehl
Traubenkernöl oder Rapsöl zum Braten
gedämpften Reis, zum Servieren

Die Melone der Länge nach halbieren und den weichen Innenteil mit einem Teelöffel herauslösen. Die ungeschälte Melone in 5 mm dicke Streifen schneiden. Die Schwarzbohnen abspülen, zerdrücken und mit dem Knoblauch, dem Ingwer, den Chilischoten, der Sojasauce und dem Zucker vermischen.

Das Fleisch gleichmäßig in etwas Stärkemehl wenden. Auf hoher Stufe in einem Wok etwas Öl erhitzen und das Fleisch portionsweise kurz anbraten, bis es gebräunt und gerade eben gar ist. Auf einen Teller legen.

Die Melone mit ein paar Tropfen Wasser in den Wok geben und gerade eben weich garen (nicht zu weich, sie soll noch etwas knackig sein). Aus dem Wok nehmen.

Die Schwarzbohnensauce in den Wok geben. 1 TL Stärkemehl mit 1 EL Wasser verrühren und in den Wok geben. Rühren, bis die Sauce andickt. Das Rindfleisch und die Bittermelone zurück in den Wok geben und erhitzen. Mit gedämpftem Reis servieren.

Panierte Lammkoteletts mit Peperonata

Für 4 Personen

12 Lammkoteletts (Fett entfernt, nach Belieben)
Meersalz
frisch gemahlener schwarzer Pfeffer
160 g frische Semmelbrösel (oder zerbröselte, ungesüßte Cornflakes)
2 EL gehackter Rosmarin
125 g Weizenmehl Type 405
2–3 Eier, leicht verquirlt
Traubenkernöl zum Braten
1 Zitrone, geviertelt

Die Lammkoteletts mit Salz und Pfeffer würzen.

Die Semmelbrösel mit dem Rosmarin vermischen.

Jedes Lammkotelett in Mehl wenden, überschüssiges Mehl abklopfen. Jedes Kotelett vollständig mit Ei überziehen, den Überschuss abtropfen lassen, dann in der Semmelbrösel-Rosmarin-Mischung wenden und die Brösel fest andrücken.

Etwas Traubenkernöl in einer Pfanne auf hoher Stufe erhitzen und die Koteletts auf jeder Seite goldbraun braten. (Sollen die Koteletts gut durch sein, kann man sie im Backofen bei 180 °C fertig garen.)

Mit Zitronenspalten und Peperonata servieren.

Peperonata

2 rote Paprikaschoten
2 grüne Paprikaschoten
200 ml natives Olivenöl extra
6 Knoblauchzehen, in feine Scheiben geschnitten
2 rote Zwiebeln, in feine Streifen geschnitten
1 rote Thai-Chilischote, in feine Ringe geschnitten
1 EL Tomatenmark
2 große Strauchtomaten, gewürfelt
1 TL Zucker
2 EL Weiß- oder Rotweinessig
1 große Handvoll glatte Petersilie, nur die Blätter
1 große Handvoll Basilikumblätter
Meersalz

Die Paprikaschoten über einer offenen Flamme oder unter einem Grill rösten, bis die Schale schwarz wird und Blasen wirft. In eine Schüssel geben, mit Frischhaltefolie oder einem Geschirrtuch abdecken und im eigenen Dampf ruhen lassen, damit die Haut sich löst. Nach 20 Minuten die Paprika schälen, halbieren, die Samen entfernen und in lange feine Streifen schneiden.

1 EL Öl in einem Topf erhitzen und den Knoblauch und die Zwiebeln auf mittlerer Stufe weich garen, dann die Chilischote, das Tomatenmark, die Tomaten, den Zucker und den Essig hinzugeben und 1 Minute garen. Die Paprika, die Kräuter, eine Prise Meersalz und den Rest des Öl hinzufügen und 10 Minuten garen.

Auberginen-Parmigiana

Für 4 Personen

Im Laufe der kurzweiligen zwanzig Jahre als Chefkoch habe ich einige Lektionen über Lebensmittel gelernt. Das Wichtigste ist, dass die einfachen Dinge im Leben oft die besten sind, und das trifft nirgendwo mehr zu als bei Lebensmitteln. Wie oft hat man nicht schon an einem heißen Sommertag eine wunderbar reife Mango oder ein Stück kalte Wassermelone gegessen und gedacht »was könnte perfekter sein«, oder einen Fisch gefangen und ihn einfach nur mit Butter, Zitrone und Petersilie zubereitet. Ich habe einmal mit einem weltberühmten Chefkoch gearbeitet und für eine riesige Veranstaltung Gerichte nach seinen Vorgaben zubereitet. Wir mussten einen seiner Gänge durch ein vegetarisches Gericht ersetzen und haben uns für diese Auberginen-Parmigiana entschieden. Für den Fall, dass eine ganze Horde Vegetarier einfallen würde, haben wir eine ganze Menge davon gekocht. Am Ende des Abends tat sich die gesamte Belegschaft an der restlichen Parmigiana gütlich und alle waren einstimmig (wenn auch ohne ein Wort zu sagen) der Meinung, dass die einfache Auberginen-Parmigiana besser war als all die ausgefallenen Gerichte des weltberühmten Chefkochs. Also, versuchen Sie dieses Gericht und genießen Sie die einfachen Dinge des Lebens.

4 große Auberginen, geputzt
Olivenöl
Meersalz
1 Portion italienische Tomatensauce (Seite 148)
200 g Parmesan, frisch gerieben
500 g Büffelmozzarella, in Stücke gezupft
2 Handvoll Basilikumblätter
4 hart gekochte Eier, geschält und in Scheiben geschnitten

Den Backofen auf 200 °C (Umluft 180 °C) vorheizen. Die Auberginen in 2 cm dicke Scheiben schneiden. Auf eingeölte Backbleche legen, mit Salz bestreuen und in 20 Minuten goldgelb backen.

Für die Zubereitung der Parmigiana benötigt man die Hälfte der Tomatensauce, den Rest zum Servieren aufbewahren. Eine Auflaufform oder eine Kastenform mit Backpapier auslegen, mit Öl einpinseln und die Auberginen, die Tomatensauce, den Parmesan, den Mozzarella und das Basilikum in kleinen Mengen schichtweise in die Form füllen. Wiederholen, bis etwa fünf Schichten vorhanden sind, dabei das Ei nur in der mittleren Schicht verwenden.

Ein Tablett auf die Form legen und beschweren (eventuell mit einer schweren ofenfesten Form. 20 Minuten bei 160 °C (Umluft 140 °C) backen. Mit dem Gewicht abkühlen lassen. Die abgekühlte Parmigiana aus der Form stürzen und in Scheiben schneiden. Nach Belieben im Backofen aufwärmen und auf heißer italienischer Tomatensauce mit geriebenem Parmesan bestreut servieren.

Barramundi-Filets mit Knoblauch, Tomaten und Brot

Für 4 Personen

3 EL Olivenöl
8 Knoblauchzehen, in feine Scheiben geschnitten
1 EL fein gehackte rote Peperoni
4 Sardellen
3 EL gehackte glatte Petersilie
400 g Barramundi-Filets, in großen Stücken
1 Dose Tomaten (à 500 g), zerdrückt
125 ml Mineralwasser mit Kohlensäure
Meersalz und frisch gemahlener schwarzer Pfeffer
2 dicke Scheiben Ciabatta, geröstet und in Stücke gebrochen

In einem kalten Topf das Öl, den Knoblauch, die Peperoni und die Sardellen vermischen und auf mittlerer Stufe anbraten, bis der Knoblauch beginnt zu bräunen. Die Petersilie und die Fischfilets hinzugeben und auf jeder Seite 30 Sekunden anbraten.

Die Tomaten und das Wasser hinzufügen und abschmecken. Köcheln lassen, bis der Fisch gerade eben gar ist, und mit Salz und Pfeffer würzen. Das Brot hinzugeben.

Mangold mit Knoblauch

1 Bund Mangold oder Spinat
2 EL Olivenöl
2 EL Butter
2 Knoblauchzehen, in feine Scheiben geschnitten
Meersalz
frisch gemahlener schwarzer Pfeffer
Saft von 1 Zitrone

Die dicken holzigen Stiele vom Mangold und Spinat abschneiden und grob zerkleinern. Das Olivenöl, die Butter und den Knoblauch auf niedriger Stufe in einer Pfanne erhitzen, bis der Knoblauch weich ist. Den Mangold zugeben und garen, bis er zusammenfällt. Mit Salz und Pfeffer würzen, den Zitronensaft zugeben und vermengen

Ich hielt Kochunterricht für *Tasting Australia* in Adelaide ab und wollte den Studenten zeigen, wie man die besten Knoblauch-Garnelen der Welt zubereitet. Wir hatten ein Problem mit dem Fisch und den Meeresfrüchten bei dieser Veranstaltung, also ging ich in Adelaide auf die Suche nach gutem, frischem Fisch. Man sagte mir, ich solle Angelakis Brothers ausprobieren und ... das war ein mehr als guter Hinweis. Diese Typen kennen sich wirklich aus und haben das Beste von allem, was Südaustralien so zu bieten hat. Ich habe dann einige sensationell gute Flatheads (kann man durch Barramundi ersetzen) gekauft und anstelle der Garnelen verwendet — das Ergebnis war ebenso gut, wenn nicht besser, als das, was ich geplant hatte.

Hummer mit Schwarzbohnen und Ingwer

Für 4 Personen

Ich wollte hier gern ein Hummerrezept anbieten, das sich, wie ich finde, von allen anderen abhebt, weil es den Hummer das tun lässt, was er am besten kann, ein Geschmacksträger zu sein. Mir schmeckt die asiatische Zubereitungsart von Hummer immer am besten. Dies ist ein ziemlich einfaches Gericht, das nicht schwer zu essen ist und einfach sensationell aussieht, wenn Sie es Ihren Gästen präsentieren. Die Sauce schmeckt zu fast allen nur denkbaren Gerichten gut ... Tofu, Garnelen, Krabben, Muscheln, Rind, Hähnchen, Schwein und so weiter

2–3 lebende Hummer
4 EL fermentierte Schwarzbohnen
4 Knoblauchzehen, fein gehackt
3 EL fein gehackter Ingwer
2 TL Zucker
2 TL Sesamöl
125 ml helle Sojasauce
2 EL Shaoxing-Reiswein oder trockener Sherry
125 ml Hühnerbrühe oder Wasser
2 EL Traubenkernöl
5 Frühlingszwiebeln, nur der grüne Teil, gehackt
1 große Handvoll Korianderblätter

Die Schwarzbohnen abspülen, zerdrücken und mit dem Knoblauch, dem Ingwer, dem Zucker, dem Sesamöl, der Sojasauce, dem Shaoxing und der Hühnerbrühe vermischen.

Einen Topf mit reichlich Salzwasser aufkochen. Die Hummer portionsweise kochen. Dafür einen Hummer mit dem Rücken nach unten ins kochende Wasser geben, zugedeckt einmal aufkochen. Dann von der Herdplatte ziehen und 10 Minuten ziehen lassen. Herausnehmen und kalt abschrecken. Hummer mit einem Fleischerbeil halbieren, das Fleisch herauslösen. Die Scheren und Beine abtrennen, das Fleisch herauslösen.

Das Traubenkernöl in einem Wok erhitzen. Das Hummerfleisch und die Schwarzbohnensauce hinzugeben und vermengen. Einen Deckel auflegen und einige Minuten garen lassen. Mit Frühlingszwiebeln und Korianderblättern bestreuen und servieren.

Schweinebauch in Meisterbrühe mit schwarzem Essigdressing & Tintenfischsalat

Für 4 Personen

Dies ist das komplizierteste Rezept im ganzen Buch, aber ich wäre sehr stolz, wenn jemand sich trauen würde, es auszuprobieren. Sie sollten es unbedingt zubereiten, wenn Sie Ihre Gäste oder Familie mal so richtig beeindrucken wollen. Der süßliche Geschmack des Schweinefleischs zusammen mit dem herb-sauren Salat ist wirklich eine Ehe, die im Himmel geschlossen wurde. Sie können anstelle des Tintenfischs auch kurz angebratene Jakobsmuscheln, Krabbenfleisch oder Garnelen verwenden.

750 ml Pflanzenöl oder Erdnussöl
1 Portion Schweinebauch in Meisterbrühe (rechte Seite)
½ Portion chinesische Sauce aus schwarzem Essig (rechte Seite)
2 EL geröstete Erdnusskerne, zerstoßen

TINTENFISCHSALAT
100 g Tintenfisch, gewaschen und in papierdünne Scheiben geschnitten
1 rote Peperoni, in feine Scheiben geschnitten
1 EL Ingwer, in feine Scheiben geschnitten
1 Handvoll Korianderblätter
8 Minzeblätter, gezupft
2 rote Schalotten, in feine Ringe geschnitten
6 EL gewürfelte Pomelo oder rote Grapefruit
½ Portion Nam-Jim-Dressing (Seite 30)

Einen tiefen Topf mit schwerem Boden oder eine Fritteuse zu einem Drittel mit Öl füllen und auf 185 °C erhitzen. Den Schweinebauch portionsweise einige Minuten goldbraun und knusprig frittieren, dann auf Küchenpapier abtropfen lassen.

Für den Tintenfischsalat den Tintenfisch, die Peperoni, den Ingwer, den Koriander, die Minze, die Schalotten und die Pomelo vermengen. Das Nam-Jim-Dressing unterheben.

Die dunkle Essigsauce in einem Topf erhitzen. Den Schweinebauch auf einem Servierteller anrichten und die Sauce darübergießen. Den Tintenfischsalat auf den Schweinebauch geben und mit den gerösteten Erdnusskernen bestreuen.

Schweinebauch in Meisterbrühe

250 ml Sojasauce
250 ml Shaoxing-Reiswein (oder trockener Sherry)
115 g Yellow Rock Sugar (chinesischer gelber Kandiszucker, Asialaden)
1 große Ingwerwurzel, in Streifen geschnitten
3 Knoblauchzehen, in Scheiben geschnitten
4 Sternanise
2 Zimtstangen
3 Stücke getrocknete Schale einer Bio-Mandarine
1 Stück Schweinebauch, ohne Knochen (à 400 g)

Bis auf den Schweinebauch alles mit 1,5 l Wasser in einen großen Topf geben und zum Kochen bringen. Den Schweinebauch hineingeben, erneut aufkochen, dann die Hitze reduzieren und ohne Deckel 1½ Stunden köcheln lassen.

Vom Herd nehmen, einen Deckel auf den Topf legen und das Schweinefleisch in der Brühe abkühlen lassen. Ist die Brühe abgekühlt, das Fleisch herausnehmen, auf ein Tablett legen, ein zweites Tablett darauflegen und mit einem Gewicht beschweren, um den Schweinebauch flach zu drücken. Über Nacht in den Kühlschrank stellen, dann in 2 cm dicke Scheiben schneiden. Sie können die Meisterbrühe durch ein Sieb streichen, erneut aufkochen, wieder abkühlen lassen und dann im Gefrierschrank bis zum nächsten Mal aufbewahren.

Chinesische dunkle Essigsauce

1 EL Pflanzenöl
2 Knoblauchzehen, fein gehackt
2 EL rote Schalotten, gehackt
3 EL Ingwer, in feine Scheiben geschnitten
3 EL helle Sojasauce
125 ml schwarzer chinesischer Essig
Meersalz
frisch gemahlener schwarzer Pfeffer
120 g geriebener Palmzucker
2 EL Fischsauce

Das Öl in einem großen Bräter auf mittlerer Stufe erhitzen und den Knoblauch und die Schalotten darin goldbraun anbraten. Den Ingwer, die Sojasauce, den Essig und etwas Salz und Pfeffer zugeben, dann die Hitze reduzieren und 10 Minuten köcheln lassen.

Den Zucker einrühren, die Hitzezufuhr etwas erhöhen und 10 Minuten garen. Die Fischsauce unterrühren.

Marokkanische Tajine mit Stubenküken, eingelegter Zitrone und Kräutercouscous

Für 4 Personen

CHERMOULA-MARINADE

1 große Handvoll Koriandergrün, gehackt
1 große Handvoll Petersilie, gehackt
1 große Handvoll Minzeblätter, gehackt
3 Knoblauchzehen, gehackt
2 TL gemahlener Kreuzkümmel
2 TL gemahlener Koriander
1 TL Paprikapulver
1 kleine rote Chilischote, gehackt
3 EL Zitronensaft
4 EL Olivenöl
Meersalz und frisch gemahlener schwarzer Pfeffer

4 Stubenküken, geviertelt
2 EL Olivenöl
2 Zwiebeln, in Scheiben geschnitten
1 TL gemahlener Ingwer
500 g Kartoffeln (Désirée), geschält und in dicke Spalten geschnitten
1 TL Safranfäden
125 ml heiße Hühnerbrühe
Schale von einer großen eingelegten Bio-Zitrone, in Streifen geschnitten
16 Datteln, entkernt
20 ganze grüne Oliven
185 g Couscous
250 ml kochende Hühnerbrühe
1 EL Butter
2 EL fein gehackte, gemischte Kräuter (Koriander, Minze, Petersilie)
Meersalz und frisch gemahlener schwarzer Pfeffer

Für die Chermoula die Kräuter, den Knoblauch, die Gewürze, die Chilischote und den Zitronensaft in einer Küchenmaschine mixen. Bei laufendem Motor das Öl einträufeln und glatt rühren. Mit Salz und Pfeffer würzen.

Die Chermoula mit einem Löffel über die Stubenkükenstücke gießen und gleichmäßig auf dem Fleisch verteilen. Abdecken und 4 Stunden oder über Nacht marinieren.

Eine große Pfanne auf mittlerer bis hoher Stufe erhitzen. Das Fleisch aus der Marinade nehmen (die Marinade aufbewahren) und 2–3 Minuten braten.

Das Öl in einer Tajine auf niedriger Stufe erhitzen. Die Zwiebeln und den Ingwer zugeben und 4–5 Minuten garen, bis sie weich, aber nicht gebräunt sind.

Die Fleischstücke auf die Zwiebeln legen und die restliche Marinade zugeben. Die Kartoffelspalten um das Fleisch herum verteilen. Den Safran in die heiße Brühe rühren und diese dann über das Fleisch gießen. Mit der eingelegten Zitrone, den Datteln und den grünen Oliven garnieren. Abdecken und 45 Minuten bis 1 Stunde kochen lassen, bis das Fleisch gar und der austretende Saft klar ist.

Inzwischen den Couscous in eine Schüssel geben, die heiße Brühe zugießen, die Butter hinzugeben und 10 Minuten ruhen lassen. Den Couscous mit einer Gabel lockern und mit den gehackten Kräutern vermengen. Mit Salz und Pfeffer würzen und mit der Tajine servieren.

Eine Tajine ist ein wunderbares, preiswertes Geschenk für alle, die gerne kochen. Stellen Sie Ihre Tajine gut sichtbar in der Küche auf und Sie werden Lust bekommen, sie auch zu benutzen. Die Tajine (so nennt man sowohl das Gericht als auch den Topf) kommt ursprünglich aus Marokko und ist im Wesentlichen ein Eintopf aus mit Kräutern mariniertem Fleisch, das langsam in dem Topf aus Keramik gegart wird. Die Töpfe sind so konstruiert, dass der Dampf in den Deckel der Tajine steigt und dann langsam zurück in die Sauce tropft. Der Eintopf, für den man sehr gut auch weniger kostspieliges Fleisch verwenden kann, wird auf diese Weise wunderbar aromatisch. Meine bevorzugten Tajines sind die mit Lammschulter, Hähnchenfleisch und Meeresfrüchten und Fisch, aber auch eine vegetarische Version mit Kürbis und Auberginen gehört dazu.

Meerforellen-Confit mit Erbsenpüree, geschmortem Fenchel und Pernodsauce

Für 4 Personen

Die Art der Zubereitung, die ich hier anwende, ist für die meisten Fische geeignet und eine wahre Freude. Der Fisch wird langsam in Olivenöl gebraten, um seine wertvollen Aromen und seine Konsistenz zu erhalten. Die Pernod-Orangen-Sauce bildet einen willkommenen Kontrast zum gehaltvollen Fisch, der durch die Erbsen und den Guanciale perfekt wird.

350 ml Olivenöl
4 junge Fenchelknollen, geputzt und halbiert
500 ml Orangensaft
4 EL Pernod oder Wodka
1 Sternanis
1 Zimtstange
4 Meerforellenfilets (oder Lachs) à 100 g, zimmerwarm
Meersalz und frisch gemahlener schwarzer Pfeffer
2 EL Butter
200 g tiefgefrorene Erbsen
40 g Guanciale oder Pancetta, gewürfelt
2 EL Lachskaviar (nach Belieben)

Den Backofen auf 65 °C (Umluft 45 °C) vorheizen. Das Olivenöl in eine Auflaufform gießen und in den Backofen stellen.

Den Fenchel mit dem Orangensaft, dem Pernod, dem Sternanis und dem Zimt in einen Topf geben. Zum Köcheln bringen und weich garen. Den Fenchel herausnehmen und den Sud für später aufbewahren.

Die Forellen mit Salz und Pfeffer würzen. In die Auflaufform mit dem Öl legen und im Backofen 10 Minuten garen.

Den aufbewahrten Fenchelsud in einer Pfanne auf mittlerer Stufe erhitzen und zu einer Sauce andicken lassen. 1 EL der Butter hinzufügen und mit Salz und Pfeffer abschmecken.

In einem Topf 500 ml Wasser mit einer Prise Salz zum Kochen bringen. Die Erbsen hineingeben und 1 Minute blanchieren, dann abgießen und unter kaltem Wasser abschrecken. Die Erbsen mit dem anderen EL Butter vermischen, pürieren und abschmecken.

Inzwischen einen Hauch Öl in einer Pfanne auf mittlerer Stufe erhitzen und den Guanciale knusprig anbraten.

Das Erbsenpüree behutsam erhitzen und auf Teller verteilen. Die Forellen auf dem Püree anrichten. Die Sauce mit einem Löffel um die Forellen träufeln, den Guanciale in die Sauce streuen und mit dem Fenchel servieren. Nach Belieben mit Lachskaviar garnieren.

Anmerkung: Sie können das Öl vom Fisch im Kühlschrank aufbewahren und als Dressing für einen Salat oder Pasta verwenden.

Geschmortes Hähnchen mit Estragonsauce

Für 4 Personen

Falls Sie Hähnchen mal etwas anders zubereiten möchten, sind Sie hier genau richtig. Dieses Hähnchen wird mit herrlichen Zutaten im Bräter geschmort, deren Aroma den gesamten Vogel durchdringt, sodass das Fleisch herrlich saftig wird. Die schimmernde Sauce wird aus dem Sud im Topf mit Estragonblättern zubereitet und ist einfach vollkommen. Dieses Gericht ist sehr einfach zuzubereiten. Ich reiche es gern mit Blumenkohl und Taleggio oder mit knusprigen, mit Ziegenkäse umhüllten Croûtons sowie einem Hauch Zitrone und Chili.

1 Hähnchen aus Freilandhaltung (à 2 kg)
1 EL Butter
1 ganze Knoblauchknolle, halbiert
Meersalz
frisch gemahlener schwarzer Pfeffer
2 Lauchstangen, in 3 cm dicke Stücke geschnitten
2 Karotten, in 3 cm dicke Stücke geschnitten
20 Shiitakepilze (oder nach Belieben andere Pilze)
2 EL Olivenöl
375 ml trockener Weißwein
500 ml heiße Hühnerbrühe
1 Bund Estragon, nur die Blätter

Den Backofen auf 220 °C (Umluft 200 °C) vorheizen. Die Flügel unter das Hähnchen legen und zum Braten dressieren. Das Hähnchen mit der Butter und dem Knoblauch einreiben, dann würzen.

Den Lauch, die Karotten, die Pilze und den Knoblauch in einen Bräter geben. Das Hähnchen auf das Gemüse legen, mit Olivenöl beträufeln und dann den Wein um das Hähnchen herumgießen (nicht darüber).

30 Minuten rösten, dann die heiße Hühnerbrühe um das Hähnchen herumgießen. Den Backofen auf 180 °C (Umluft 160 °C) herunterdrehen, das Huhn abdecken und nochmals 30–45 Minuten schmoren.

Das Hähnchen und das Gemüse aus dem Topf nehmen (abdecken und warm halten) und den Sud durch ein Sieb in einen Topf streichen. Auf mittlerer Stufe köcheln lassen, bis er zu einer schönen Sauce eingedickt ist. Die Estragonblätter hinzugeben und abschmecken, kurz bevor man sie mit dem Hähnchen und dem Gemüse serviert.

Blumenkohl mit Schinkenspeck, Taleggio und Semmelbröseln

Für 4 Personen

Meersalz
1 Blumenkohl, in Röschen zerteilt
1 Zwiebeln, fein gehackt
100 g Pancetta oder Schinkenspeck, fein gehackt
2 EL gehackte Petersilie
40 g Butter
40 g Weizenmehl Type 405
425 ml Milch
100 g Taleggio, zerkleinert
frisch gemahlener schwarzer Pfeffer
1 Prise Muskatnuss
1 TL Dijonsenf
25 g Parmesan, frisch gerieben
25 g frische Semmelbrösel

In einem großen Topf Salzwasser zum Kochen bringen, den Blumenkohl hineingeben und 4 Minuten kochen lassen, bis er gerade eben weich ist. Den Blumenkohl abgießen und in eine eingefettete Auflaufform aus Keramik geben.

Inzwischen eine Pfanne auf mittlerer Stufe erhitzen und die Zwiebel und die Pancetta zugeben. 3–4 Minuten anbraten, bis sie gerade eben beginnen zu bräunen, dann die Petersilie zugeben. Mit einem Löffel über den Blumenkohl geben.

Den Backofen auf 180 °C (Umluft 160 °C) vorheizen. Die Butter in einem Topf auf mittlerer Stufe schmelzen. Das Mehl einrühren und bei niedriger Hitze unter ständigem Rühren anschwitzen. Nach und nach unter ständigem Rühren die Milch zugießen und zum Kochen bringen. Den Taleggio zugeben und weiterrühren, bis er geschmolzen ist. Salz, Pfeffer und Muskatnuss, den Senf und die Hälfte des Parmesans zugeben und umrühren, bis er geschmolzen ist. Abschmecken.

Die Sauce über den Blumenkohl gießen. Mit dem restlichen Parmesan und den Semmelbröseln bestreuen. In 15 Minuten goldbraun überbacken.

Gedünsteter Fisch mit Soja, Mirin, knusprigem Knoblauch und Peperoni

Für 4 Personen

Von allen Gerichten, die ich zu Hause koche, würde ich mir dieses als mein letztes Mahl zubereiten. Hier ist alles vereint, was ich am Essen liebe: Zunächst einmal ist es ein ganzer Fisch (und ich finde nichts schöner, als einen ganzen Fisch vorgesetzt zu bekommen); zweitens schmeckt es asiatisch, aber nicht zu stark (ich bin sicher, irgendwo läuft asiatisches Blut durch meine Adern); und drittens sind es die Texturen der verschiedenen Zutaten und die Art, wie sie sich ergänzen, die für ein echtes Gaumenfest sorgen. Und der vierte Grund, warum ich dieses Gericht so mag, ist wahrscheinlich der, dass ich gerade einen hinreißenden Tag auf einem Riff in den Tropen verbracht und diese erstaunlichen Kreaturen gefangen habe. Das reicht, um ein breites Lächeln auf mein Gesicht zu zaubern.

1 Leopard-Forellenbarsch (à 1,5 kg), Schuppen entfernt und ausgenommen (alternativ: Kabeljau oder Lachsforelle)
125 ml Shaoxing-Reiswein (oder trockener Sherry)
125 ml helle Sojasauce
6 Frühlingszwiebeln, in Juliennestreifen geschnitten (die weißen und grünen Teile getrennt – die grünen Teile in kaltem Wasser im Kühlschrank aufbewahrt)
3 EL Ingwer in Juliennestreifen geschnitten
250–500 ml Erdnussöl
4 Knoblauchzehen, in feine Scheiben geschnitten
2 rote Peperoni, entkernt und in feine Scheiben geschnitten
4 EL Chilisauce
1 Handvoll Koriandergrün
8 Limettenhälften
gedämpfter Reis, zum Servieren

Den Backofen auf 180 °C (Umluft 160 °C) vorheizen. Den Fisch auf beiden Seiten durch die Haut in das Fleisch dreimal einschneiden und ihn dann in eine Backform legen.

Den Shaoxing und die Sojasauce vermischen und über den Fisch gießen. Die weißen, in Juliennestreifen geschnittenen Teile der Frühlingszwiebeln und den Ingwer über den Fisch streuen, abdecken und 15 Minuten garen, bis das Fleisch gar, aber noch saftig ist.

Inzwischen in einem Topf das Erdnussöl erhitzen und den Knoblauch und die Peperoni auf mittlerer bis hoher Stufe goldbraun und knusprig braten. Auf Küchenpapier abtropfen lassen.

Die Chilisauce über den Fisch träufeln, mit Koriander und den grünen Teilen der Frühlingszwiebeln garnieren und mit dem knusprigen Knoblauch und den Peperoni bestreuen. Mit Limettenspalten, Reis, asiatischem Gemüse und einem kalten asiatischen Bier servieren.

Espresso Affogato

Für 1 Person

frisch gemahlene Kaffeebohnen
1 Kugel Vanilleeis
1½ EL Frangelico (Nusslikör)

Mit einer Espressomaschine oder einer italienischen Espressokanne 3 EL starken, heißen Espresso zubereiten. Den Espresso und den Likör in zwei separate Schnapsgläser gießen.

Das Vanilleeis in ein Glas oder eine Dessertschale geben. Auf einem Servierteller mit dem Kaffee und dem Likör anrichten. Direkt vor dem Verzehr den heißen Kaffee und den Likör über das Eis gießen.

Vanilleeis

450 ml Milch
450 ml Sahne
125 g Traubenzucker
3 Vanilleschoten
125 g Zucker
12 Eigelb

Die Milch, die Sahne und den Traubenzucker in einem Topf auf mittlerer bis niedriger Stufe verrühren. Die Vanilleschoten der Länge nach aufschneiden, das Mark herauskratzen, in den Topf geben und alles zum Köcheln bringen.

In einer großen Schüssel den Zucker mit den Eigelben verquirlen. Unter ständigem Rühren die Hälfte der heißen Milch über die Eigelbe gießen. Dann alles zurück in den Topf geben. Auf niedriger Hitze mit einem Silikonspatel stetig weiterrühren, bis die Mischung dickflüssig ist und am Gummispatel haftet.

Durch ein feines Sieb streichen und im Kühlschrank abkühlen lassen. Die kühle Mischung nach den Anweisungen des Herstellers in einer Eismaschine weiterverarbeiten oder in den Gefrierschrank stellen und im Abstand von 15–30 Minuten kräftig umrühren.

Gorgonzola Dolce mit Trüffelhonig und geröstetem Sauerteigbrot

Für 4 Personen

200 g Gorgonzola Dolce oder anderer Blauschimmelkäse wie Roquefort
16 dünne Scheiben Sauerteigbrot
2 EL Trüffelhonig oder anderer Honig
1 Rispe Muskattrauben, getrocknet oder frisch, oder frische Feigen

Den Käse auf eine Platte legen und zimmerwarm werden lassen. Den Backofen auf 180 °C (Umluft 160 °C) vorheizen. Das Brot auf einem Backblech knusprig-goldgelb rösten.

Den Honig leicht erwärmen und flüssig werden lassen, dann über den Käse träufeln. Mit Brot und Früchten servieren.

Churros mit heißer Schokoladensauce

Ergibt 25–30 Churros

Diese Churros sind so verführerisch und machen schneller süchtig als jedes andere Dessert auf dem ganzen Planeten, sodass das Gesundheitsministerium eigentlich eine Warnung herausgeben müsste. Witzigerweise werden sie in Spanien, ähnlich wie in Frankreich die *Pains au chocolat* (noch etwas, an dem ich einfach nicht vorbeigehen kann), zum Frühstück gegessen. Sie sind nicht schwer zuzubereiten, da man lediglich darauf achten muss, dass das Frittieröl frisch ist. Traditionell werden sie einfach nur in Zucker gewälzt, aber ich gebe gern noch etwas Zimt hinzu. Guten Appetit!

SCHOKOLADENSAUCE
200 ml Sahne
200 g Zartbitterschokolade, grob gehackt

ZUCKER-ZIMT-MISCHUNG
55 g Zucker
1 TL gemahlener Zimt

Pflanzenöl zum Frittieren
2 EL Vollrohrzucker
½ TL Salz
70 g weiche Butter
125 g Weizenmehl Type 405
2 Eier
½ TL Vanilleextrakt

Für die Schokoladensauce die Sahne auf mittlerer Hitze in einem Topf erhitzen. Die Schokolade in eine Schüssel geben, die heiße Sahne zugießen und glatt rühren. Bis zum Verzehr warm halten.

Für die Zucker-Zimt-Mischung den Zucker mit dem Zimt vermischen und beiseitestellen.

Den Vollrohrzucker, das Salz, die Butter und 250 ml Wasser in einem Topf auf mittlerer Stufe verrühren. Zum Kochen bringen, dann vom Herd nehmen und das Mehl einrühren. Die Eier mit dem Vanilleextrakt verquirlen, in den Topf geben und gut verrühren.

Eine große Sterntülle auf einen Spritzbeutel setzen und den Beutel mit dem Churros-Teig füllen.

Eine große tiefe Pfanne zu einem Drittel mit Pflanzenöl füllen und auf 180 °C erhitzen. Die Temperatur ist hoch genug, wenn sich an einem Holzstäbchen, das man eintaucht, Bläschen bilden.

Mit dem Spritzbeutel 10 cm lange Stücke Teig in das heiße Öl spritzen. Es sollte möglich sein, vier oder fünf Churros gleichzeitig zu frittieren. Etwa 2 Minuten backen, dann mit einem Schaumlöffel wenden. Nochmals 2–3 Minuten goldbraun ausbacken. Mit einem Schaumlöffel aus dem Topf heben und auf Küchenpapier abtropfen lassen.

Die noch warmen Churros in der Zucker-Zimt-Mischung wälzen und mit der heißen Schokoladensauce servieren.

Schokoladen-Dattel-Pudding mit Karamellsauce und Erdbeeren in Rotwein

Für 8–10 Personen

KARAMELLSAUCE
300 g Vollrohrzucker
150 g Butter
150 ml Sahne

300 g Datteln ohne Kern, halbiert
2 EL Natron
600 ml kochendes Wasser
200 g Vollrohrzucker
120 g Butter
1 Vanilleschote, der Länge nach aufgeschnitten, das Mark herausgekratzt
2 Eier
460 g Weizenmehl Type 405 oder 550
3 TL Backpulver
300 g Schokoladentropfen
geschlagene Sahne, zum Servieren

ERDBEEREN IN ROTWEIN
115 g Zucker
250 ml Pinot noir
1 Zimtstange
500 g Erdbeeren, geputzt und halbiert

Für die Karamellsauce den Rohrzucker, die Butter und die Sahne in einem Topf auf mittlerer Stufe verrühren. Unter Rühren zum Kochen bringen, dann 5 Minuten köcheln lassen.

Eine Springform (Durchmesser 26 cm) mit eingefetteter Alufolie auslegen. Die Hälfte der Karamellsauce in die Form gießen (den Rest zum Servieren aufbewahren). In einer kleinen Schüssel die Datteln mit dem Natron vermengen. Das kochende Wasser zugießen und abkühlen lassen. Den Backofen auf 180 °C vorheizen.

In einer Schüssel den Zucker, die Butter und das Vanillemark verrühren. Die Eier hinzugeben und kräftig zu einer Creme verrühren. Die Dattelmischung unterheben. Das Mehl mit dem Backpulver in die Schüssel sieben. Die Schokolade einrühren.

In die Form gießen und 30 Minuten backen, dann die Hitze auf 160 °C reduzieren und nochmals eine Stunde backen. Nach der Garprobe aus dem Backofen nehmen und vor dem Stürzen abkühlen lassen.

Inzwischen in einem Topf für die Erdbeeren in Rotwein den Zucker mit 3 EL Wasser zu einer Paste verrühren. Erhitzen, bis die Paste leicht karamellisiert, dann den Rotwein zugießen (vorsichtig, es spritzt) und verrühren. Die Zimtstange zugeben und 10 Minuten kochen lassen. Über die Erdbeeren gießen und vor dem Servieren bis zu einer Stunde ziehen lassen.

Den Pudding in Scheiben schneiden und die Karamellsauce darübergießen. Gegebenenfalls in der Mikrowelle erwärmen und mit der Schlagsahne und den Erdbeeren in Rotwein servieren.

Zabaglione mit marinierten Erdbeeren

Für 4 Personen

Wie man Zabaglione zubereitet, habe ich vor knapp zwanzig Jahren bei Marios in Melbourne gelernt. Ich konnte kaum glauben, wie einfach und preiswert dieses Dessert im Endeffekt ist. Bei diesem Nachtisch habe ich alles über Temperaturen gelernt und darüber, wie wichtig die Kontrolle der Hitzezufuhr ist … man möchte ja auf keinen Fall am Ende mit einer Pfanne voller Rührei dastehen. Das Wichtigste ist, die Eigelbe, den Zucker und den Alkohol so schnell es eben geht zu schlagen, um so viel Luft wie möglich in die Mischung zu bekommen. Das Resultat sollte leicht und locker sein. Das Schlagen dauert ungefähr fünf Minuten und Ihr Arm wird hinterher wahrscheinlich etwas lahm sein, aber es lohnt sich. Ich reiche zu der Zabaglione sehr gern marinierte Beeren und garniere sie mit Löffelbiskuit.

MARINIERTE ERDBEEREN

1 Schale Erdbeeren, geputzt und halbiert

125 ml Vin Santo oder anderer Dessertwein

125 ml Honig

3 EL Zucker

ZABAGLIONE

8 Eigelb von frischen Bio-Eiern

170 ml Vin Santo oder anderer Dessertwein

1 EL hochwertiger Balsamessig

230 g extrafeiner Zucker

Puderzucker, zum Bestäuben

Löffelbiskuits

Die Erdbeeren in eine hitzebeständige Schüssel geben. Den Vin Santo, den Honig und den Zucker in einem kleinen Topf auf mittlerer Stufe verrühren, bis sich der Zucker auflöst. Über die Erdbeeren gießen und 10 Minuten ziehen lassen, dann die Flüssigkeit für später in einen anderen Behälter abgießen.

Für die Zabaglione eine Rührschüssel aus Edelstahl auf einen Topf mit gerade eben köchelndem Wasser setzen (Wasserbad). Die Eigelbe, den Vin Santo, den Balsamessig und den Zucker in die Schüssel geben und 5–10 Minuten schlagen, bis die Mischung leicht und locker ist. Das Wasser darf nicht zu stark kochen, sonst wird aus den Eiern Rührei. Man kann die Schüssel für 10 Sekunden vom Topf nehmen, wenn es zu heiß wird (weiterrühren!), die Hitze reduzieren und währenddessen den Topf zurückstellen. (Halten Sie die Schüssel mit einem Geschirrtuch, sie kann ziemlich heiß werden).

Die Zabaglione mit den Erdbeeren und etwas Marinierflüssigkeit servieren. Ich garniere meine Zabaglione gern mit Puderzucker bestäubten Löffelbiskuits.

Feigen-Vanille-Margarita

Für 4 Cocktails

Die Margarita wurde in den 1930er-Jahren kreiert, als die Schauspielerin Marjorie King zu Gast im Rancha La Gloria war. Der Besitzer, Danny Herrera, mixte für sie einen Tequila-Cocktail, weil sie gegen jede andere Art von Alkohol allergisch war, und benannte seine Kreation nach der spanischen Variante ihres Vornamens.

VANILLESIRUP
100 g Zucker
1 Vanilleschote, der Länge nach aufgeschnitten und das Mark herausgeschabt

4 ganze frische Feigen
185 ml Silver Tequila
60 ml Massenez Crème de Pomme Verte (Likör aus grünen Äpfeln)
60 ml frisch gepresster Limettensaft
2 EL Vanillesirup

Für den Vanillesirup den Zucker und 100 ml Wasser in einem Topf auf mittlerer Stufe erhitzen und köcheln lassen, bis sich der Zucker aufgelöst hat. Die Vanilleschote und das Mark hinzugeben und köcheln lassen, bis es duftet. Abkühlen lassen, dann durch ein Sieb abgießen.

Zuerst die Feigen, dann die anderen Zutaten in einen Boston-Shaker geben. Mit Eis auffüllen, kräftig schütteln und zweimal durch ein Sieb in gekühlte Martinigläser abgießen.

Mr Hendrix

Für 4 Cocktails

Diesen Drink hat mein Freund, Mark Ward, zu zwei Dritteln Engländer und zu einem Drittel Australier, für die australisch-asiatische Markteinführung von Hendrick's Gin kreiert. Da dieser Gin unter Zugabe von Gurken und Rosenblättern gebrannt wird, ist er besonders leicht und blumig, einfach perfekt, um ihn im Garten zu Gurkensandwiches zu genießen – (Oh Mark, wie englisch!). Besser noch, würde ich sagen, passt hier der würzige Bananenblütensalat.

Schale von 4 Bio-Limetten
8 Kaffernlimettenblätter, plus einige zum Servieren
200 ml Hendrick's Gin
60 ml Massenez Crème de Pomme Verte (grüner Apfellikör)
2 EL Cinzano Bianco
1 EL Holunderblütensirup
Eis

Die Limettenschale auf vier Martinigläser verteilen. Die Kaffernlimettenblätter klein zupfen und in einen Mixbecker drücken, dann die anderen Zutaten hinzufügen. Mit Eis auffüllen, bis das Glas gefrostet ist. Durch ein Sieb in die gekühlten Martinigläser abgießen und mit einem Kaffernlimettenblatt garnieren.

Lady Houghton

Für 4 Cocktails

Deb Houghton ist eine gute Freundin von mir und eine absolute Legende: gutaussehend, riesengroßes Herz, ansteckendes Lachen und als gestandene Landfrau kann sie abends länger durchhalten als alle Männer zusammen. Unser Chefmixer, Mark Ward, schuf zu Ehren der wunderbaren Miss Houghton diesen besonderen Drink. Er ist einfach herrlich, genau wie unsere Deb.

185 ml 42 Below Wodka Passionsfrucht
60 ml Massenez Crème de Peche (Pfirsichlikör)
60 ml frisch gepresster Zitronensaft
12 Spritzer Pfirsichbitter
20 ml Eiweiß
20 ml Zuckersirup (siehe Seite 108)
getrocknete Pfirsiche, zum Servieren

Alle Zutaten in einen mit Eis gefüllten Boston-Shaker geben und gut schütteln. Zweimal durch ein Sieb in ein Glas abgießen und nach Belieben mit einem getrockneten Pfirsich garnieren.

Espresso-Martini

Für 4 Cocktails

Diesen Cocktail kann man wunderbar zum Dessert, nach dem Dessert oder auch einfach als Dessert servieren. Er vereint die klassischen verdauungsfördernden Elemente von Kaffee und Cognac. Genießen Sie ihn mit einem schönen großen Stück dunkler Schokolade.

ORANGEN-VANILLE-SIRUP
100 g Zucker
Schale von 1 Bio-Orange
Mark 1 Vanilleschote

185 ml Cognac
20 ml Kaffeelikör
120 ml frisch gebrühter Espresso
Eis
Zartbitterschokolade, geraspelt, zum Servieren

Für den Orangen-Vanille-Sirup den Zucker in 100 ml Wasser in einem Topf auf mittlerer Stufe auflösen. Die Orangenschale, die Vanilleschote und das Mark hinzugeben und köcheln lassen, bis es duftet. Abkühlen lassen, dann durch ein Sieb abgießen. Für diesen Cocktail werden 2 EL Sirup benötigt, den Rest in einem sauberen Behälter aufbewahren.

Den Cognac, den Kaffeelikör, den Orangen-Vanille-Sirup und den Espresso in einen Boston-Shaker gießen und mit Eis auffüllen. Kräftig schütteln, dann durch ein Sieb in Martinigläser abgießen. Mit geraspelter Schokolade garnieren und servieren.

Mango-Daiquiri

Für 4 Drinks

Der klassische Daiquiri wird aus weißem Rum, Limette und Zuckersirup gemixt, seit Hugo's jedoch seine Tore geöffnet hat, ist diese Version mit Mango der absolute Renner unter unseren Cocktails. Er passt wunderbar zu einem späten Frühstück in den Ferien, wenn Sie auf einem Balkon mit Meerblick sitzen oder bei Sonnenuntergang mit pikant gewürzten Garnelen vom Grill. Man kann die Mango auch durch Pfirsich, gemischte Beeren oder Guave ersetzen.

180 ml Bacardi Superior Rum
60 ml Mangolikör
120 ml Mangopüree
2 EL frisch gepresster Limettensaft
1 EL Zuckersirup (Seite 108)
zerstoßenes Eis
gemischte Beeren, zum Servieren (nach Belieben)

Den Rum, den Mangolikör und das Mangopüree, den Limettensaft und den Zuckersirup verrühren, dann 1 großen Löffel zerstoßenes Eis zugeben und glatt rühren. Einige Beeren auf den Boden der Gläser geben, mit Daiquiri aufgießen und servieren.

Stichwortverzeichnis

S

T

U

V

W

Z

Ich widme dieses Buch meiner Mum Joy, die, als ich ein Kind war, dafür gesorgt hat, dass unsere gemeinsamen Mahlzeiten stets ein Erlebnis waren.

Die englische Originalausgabe erschien 2008 unter dem Titel »My Table« bei Murdoch Books Pty Limited, Australien

www.collection-rolf-heyne.de

Copyright © 2013 by Collection Rolf Heyne GmbH & Co. KG, München

Alle Rechte, insbesondere der Vervielfältigung, vorbehalten. Kein Teil des Werks darf in irgendeiner Form (durch Fotokopie, Mikrofilm oder ein anderes Verfahren) ohne schriftliche Genehmigung reproduziert oder unter Verwendung elektronischer Systeme vervielfältigt oder verbreitet werden.

Die im Buch veröffentlichten Texte und Rezepte wurden mit größter Sorgfalt von Verfasser und Verlag erarbeitet und geprüft. Eine Garantie kann jedoch nicht übernommen werden. Ebenso ist eine Haftung des Verfassers und/oder des Verlags und seiner Beauftragten für Personen-, Sach- oder Vermögensschäden ausgeschlossen.

Text © 2008 Murdoch Books
Design © 2008 Murdoch Books
Fotografie © 2008 Anson Smart

Übersetzung aus dem Englischen: Claudia Theis-Passaro, Heidelberg und Annegret Hunke-Wormser, Berlin
Redaktion und Satz: imprint, Zusmarshausen
Redaktion der deutschen Rezepte: Regina Rautenberg, Nützen

Projekmangement: Jane Price
Redaktion: Gordana Trifunovic
Redaktion Food: Sonia Greig
Fotografie: Anson Smart
Styling: David Morgan
Herstellung: Monique Layt
Litho: Splitting Image Colour Studio

Printed in China.

ISBN 978-3-89910-551-3

Der Dank von Originalverlag und Stylist geht an:
Kris Coad und Sam Robinson für die Keramikwaren, die im gesamten Buch zu sehen sind; Top3 by Design, Bondi Junction; Ici et La; Porters Paints; The Bay Tree, Woollahra. Und ein besonderer Dank an Tony und Suzanne Annand und ihrer Familie, die ihr Haus so großzügig für das Fotoshooting zur Verfügung gestellt haben.

Hinweise für den Leser

- Die Zubereitungstemperaturen und Zeiten beziehen sich auf konventionelle Herde. Wenn Sie einen Heißluftherd besitzen, stellen Sie die Ofentemperatur um 20 °C niedriger ein.
- Bei Eiern beziehen sich die Angaben auf die Gewichtsklasse M.
- Schwangere Frauen, Kinder, ältere Menschen und alle, die eine geschwächte Immunabwehr haben, sollten keine Gerichte mit rohen oder nur leicht gegarten Eiern verzehren.